Daniela Forapani

Italiano per medici

collana "Italiano per specialisti"

a cura di Ciro Massimo Naddeo

ALMA Edizioni - Firenze

Progetto grafico e impaginazione: **Andrea Caponecchia**

Illustrazioni: **Mordechai**

Stampa: La Cittadina, azienda grafica - Gianico (BS)
www.lacittadina.it

Printed in Italy

ISBN 88-86440-69-3

© **2004 Alma Edizioni**

Crediti immagini
pag. 14: AA.VV. Biologia. La dinamica della vita, Zanichelli, Bologna, 1994;
pag. 15, 16, 18 (immagini a, b, c, d, e), 21, 33, 35, 36, 40, 43, 45, 60, 66, 79,
80, 82, 92, 102: F. Fabris, J. MC Cormack, Scienzeoggi.it. L'uomo, Trevisin,
Milano, 2003; pag. 18 (immagini g, h), 44, 90, 91: AA.VV., Elementi di
Biologia, Bovolenta Editore, Ferrara, 2001; pag. 27, 53: www.unsitoperte.it;
pag. 30: www.swissheart.ch; pag. 62: Dizionario Illustrato del Corpo Umano,
Fabbri, Milano, 1996; pag. 78: www.ulb.ac.be/sciencies

Alma Edizioni
Viale dei Cadorna, 44
50129 Firenze
tel ++39 055476644
fax ++39 055473531
info@almaedizioni.it
www.almaedizioni.it

Indice

Introduzione

● Cos'è *Italiano per medici*

Italiano per medici rientra nel progetto *Italiano per specialisti*, la collana che Alma Edizioni dedica all'insegnamento dei linguaggi specialistici.

Questo volume tratta la lingua della medicina e si rivolge a studenti, ricercatori e professionisti stranieri che hanno bisogno di utilizzare l'italiano della medicina per la loro attività (studenti Erasmus, studenti stranieri regolarmente iscritti alle Facoltà di Medicina degli Atenei italiani, medici, infermieri, operatori socio-sanitari, ecc.)

Italiano per medici si indirizza quindi ad un pubblico adulto già in possesso di una discreta conoscenza dell'italiano standard (livello intermedio o avanzato) e dell'ambito medico in generale.

L'obiettivo è quello di fornire strategie utili per la comprensione di testi di argomento medico, nei quali ricorra una fraseologia ed una terminologia scientifica, cercando di unire il rigore scientifico con la necessità di rendere piacevole e stimolante lo studio di un argomento così complesso.

Per la sua struttura il volume può essere utilizzato sia come testo di supporto per il linguaggio settoriale in corsi di italiano generale che come testo per l'autoapprendimento.

● Com'è strutturato

Italiano per medici si articola in 13 unità di acquisizione che si sviluppano attorno ad argomenti tipici dell'ambito medico.

La scelta degli argomenti, concordata con professionisti del settore e docenti universitari dell'Università di Parma, comprende:

L'ospedale, Gli strumenti del medico, Il corpo umano, La cellula, L'apparato circolatorio, L'apparato digerente, L'apparato respiratorio, Il sistema muscolare, Il sistema scheletrico, Il sistema endocrino, Il sistema nervoso, L'apparto uro-genitale, Il sistema immunitario.

Ogni argomento è adeguatamente introdotto da vignette o immagini che stimolano la formulazione di ipotesi di significato, o da diverse tipologie di attività per la spiegazione di terminologia specifica che facilitano la comprensione dell'input.

Segue la presentazione del testo di lettura corredato da attività di comprensione globale e analitica (completare schemi, griglie o immagini con terminologia data, rispondere a domande generali, riordinare i paragrafi di un testo, esercizi di vero/falso e di scelta multipla), comprensione terminologica (collegare la spiegazione di un termine al termine stesso, collegare l'immagine al termine corrispondente, ritrovare nel testo il punto esatto corrispondente all'immagine) e fissazione terminologica (cruciverba, anagrammi, ritrovare le parole nascoste, cloze con terminologia data, ricostruzione di fraseologia).

Ogni unità poi, termina quasi sempre con un'attività di riflessione morfosintattica (*Occhio alla lingua!*). Infatti, anche se il testo non affronta volutamente aspetti di tipo grammaticale, si è optato per isolare, all'interno di esercizi specifici, alcuni aspetti di carattere principalmente morfologico rilevanti per la lingua medica: la formazione delle parole, suffissi e prefissi.

Materiali supplementari

All'inizio del volume, nella sezione *Strategie di lettura e tecniche di memorizzazione del lessico*, vengono forniti utili consigli per affrontare la lettura dei testi proposti nelle 13 unità.
In fondo al volume si trovano un *Glossario*, le *Soluzioni degli esercizi* e *un'Appendice sui siti Internet di argomento medico* che fornisce strumenti on-line per la ricerca-azione del singolo studente: riviste mediche, terminologia di base dell'anatomia del corpo umano, ospedali italiani e il sito ufficiale del Ministero della Salute.

Credits

Sono grata al Dott. Marco Vescovi - Specialista in Medicina Interna - e a Massimo Naddeo per aver letto le varie parti del libro, corretto sviste e fornito preziose indicazioni metodologiche.
La loro attenta revisione è stata per me occasione di confronti e riscontri molto fruttuosi, mentre la responsabilità per ogni eventuale errore o difetto riguarda solo la sottoscritta.
Nella stesura del volume mi ha guidato l'intento di fornire uno strumento utile per gli studenti e la speranza di aver fatto qualcosa in favore di una migliore conoscenza della nostra lingua.

Daniela Forapani

Parma, aprile 2004

Introduzione

Strategie di lettura e tecniche di memorizzazione del lessico

Nella lettura di testi specialistici, come ad esempio quelli proposti in questo libro, ti capiterà sicuramente di incontrare espressioni dal significato incomprensibile o poco chiaro che potrebbero compromettere la comprensione del testo o essere difficili da memorizzare. Obiettivo di questa sezione è: 1. illustrare un metodo per la lettura di testi specialistici, l'**SQ3R** elaborato da Robinson nel 1970[1] e adattato ai fini di una lettura per scopi specifici; 2. suggerire alcune **tecniche di memorizzazione** del lessico specialistico[2].

1. Il metodo SQ3R applicato ai testi specialistici

SQ3R significa: **S**urvey (osservazione), **Q**uestions (domande), **R**ead (leggere), **R**ecite (ripetere ad alta voce), **R**eview (revisione). Si divide in tre fasi:

Fase 1 - Prima della lettura

1.1 S = Survey.
- Prima di leggere il testo, osserva il titolo, il sottotitolo, le prime e le ultime frasi dei paragrafi, e i paragrafi che servono da introduzione o riassunto.

1.2 Q = Questions.
- Durante la fase di pre-lettura prova a trasformare i titoli e sottotitoli in domande e cerca di trovare le risposte sulla base delle conoscenze che già hai.

Fase 2 - Durante la lettura

2.1 R = Read.
- Durante la lettura cerca le risposte alle domande scritte durante le fasi **S** e **Q**.
- Riguarda attentamente immagini, grafici, disegni…
- Evidenzia tutte le parole in **grassetto**, *corsivo* o sottolineate.
- Riduci la velocità di lettura.
- Fermati e rileggi le parti che non ti sono chiare.

Durante la lettura potresti incontrare alcuni problemi di comprensione. Di seguito trovi alcune tecniche che potresti applicare nella maggior parte dei casi.

Problema: non conosco una parola. **Tecnica:** chiediti innanzi tutto se quella parola è veramente una parola "difficile", cioè una parola-chiave, talmente importante che ti impedisce di andare avanti nella lettura. Se è così, prima di ricorrere al dizionario che, nel caso dei linguaggi specialistici, è uno strumento difficile da usare, osserva il contesto e chiediti: conosco le parole che precedono o seguono quest'espressione? Posso ipotizzare un possibile significato sulla base di altre informazioni del testo che già capisco?

Problema: non capisco un termine. **Tecnica:** osserva la struttura del termine e chiediti: la parola è formata da altre parole o parti di parole (prefissi, suffissi) che conosco? Deriva da un verbo o da un aggettivo che conosco?

Problema: conosco un significato, ma non sembra applicabile o conosco diversi significati ma non so quale applicare. **Tecnica:** scegli o adatta il significato che più si accorda con il contesto.

Problema: non so a chi o a che cosa si riferisce l'espressione, o con quali altre informazioni ne va completato il senso. **Tecnica:** cerca le informazioni necessarie rileggendo quanto precede e/o proseguendo nella lettura.

Problema: il significato che conosco non è sufficiente per chiarire il senso in questo caso. **Tecnica:** considera bene il contesto e l'argomento trattato e richiama alla mente le tue conoscenze in proposito.

> **Fase 3 - Dopo la lettura**

3.1 R = Recite.

- Durante la lettura cerca l'idea centrale contenuta in ogni paragrafo e prendi appunti/riassumila <u>utilizzando i termini specialistici</u> a fianco.
- Ripeti a voce alta, <u>riutilizzando i termini specialistici</u>, il riassunto di ogni sezione.

3. 2 R = Review.

- Verifica da solo se hai capito il testo, cerca di rispondere alle domande della fase **Q**.
- Scrivi una scaletta dei punti più importanti. Organizza un riassunto.

2. Tecniche di memorizzazione del lessico

Chi impara una lingua spesso non sa come memorizzare le parole nuove e che continuano ad aggiungersi a quelle già conosciute. Ecco alcune tecniche utili.

Parole a gruppi. Le parole si ricordano meglio a gruppi che non singolarmente. È perciò utile costruire blocchi di parole che si possono prendere come "strutture già pronte per l'uso" all'interno della frase. I gruppi possono essere costituiti da verbo + sostantivo, o sostantivo + aggettivo, ecc. (es. rilevare il battito cardiaco, contrarre un muscolo, vaso sanguigno, ghiandola endocrina).

Parole in famiglia. Può essere utile costruire una "famiglia" di parole, cioè parole aventi la stessa radice (es. secernere, secrezione, secreto; digerire, digestione, digestivo, digerente).

Frase di esempio o definizione in lingua. Scrivere le parole all'interno di una frase può aiutare a ricordarne il significato o le peculiarità di utilizzo. La frase può provenire dal dizionario o da una lettura (es. Una malattia si definisce *infettiva* o *contagiosa* se può essere trasmessa ad altri). Una variante consiste nello scrivere una vera e propria definizione della nuova parola, presa da un dizionario monolingue o inventata (es. malattia infettiva = si diffonde, si trasmette tra le persone).

Sinonimi e contrari. Spesso le parole si ricordano bene "a coppie", cioè memorizzando parole che abbiano un significato simile o opposto (es. medico/paziente, ospedale/reparto).

Immagini. Alcune parole si registrano meglio attraverso le figure, perché traduzioni e definizioni risultano troppo complesse e laboriose. È utile quindi disegnare personalmente o cercare le figure altrove, ritagliarle e incollarle.

Strategie di lettura

note

1: *www.iss.stthomas.edu/studyguides/texred2.htm.* Vedi anche Mariani, L., *Strategie per imparare,* Zanichelli, Bologna, 1990, p. 19.
2: Scott-Monkhouse, A., *Not just words! Learner Training and Organised Vocabulary Learning,* in, *Resources* 2, Eli, Recanati, 2002, p. 5-8 (traduzione a cura dell'autrice).

L'ospedale

1 **Ipotizzare**

a) *L'Azienda Ospedaliera di Parma[1] è una struttura che si articola in 15 dipartimenti. Ogni dipartimento è formato da reparti o "unità operative" (es. Oncologia Medica) e servizi (es. Radioterapia).*
Metti al posto giusto i nomi dei dipartimenti mancanti.

DIPARTIMENTI

CHIRURGICO   CUORE   EMERGENZA E URGENZA   GERIATRICO E RIABILITATIVO
MATERNO-INFANTILE   NEUROSCIENZE   OSTEO-ARTICOLARE   PNEUMOLOGICO
RADIOLOGIA E DIAGNOSTICA PER IMMAGINI   TESTA-COLLO

AZIENDA OSPEDALIERA DI PARMA

1. _Emergenza e Urgenza_
Dir. f.f. Gianbattista Spagnoli
• Pronto soccorso e medicina d'urgenza
• 1a Anestesia, rianimazione e centrale operativa

2. MEDICINA 1
Dir. Vincenzo Cambi
• Clinica e immunologia medica
• Nefrologia
• Genetica medica
• Medicina del lavoro e tossicologia industriale

3. MEDICINA 2
Dir. Roberto Delsignore
• Clinica e terapia medica
• Ematologia e C.T.M.O. (Centro trapianti midollo osseo)
• Endocrinologia
• Oncologia medica
• Radioterapia

4. MEDICINA 3
Dir. Angelo Franzé
• Clinica e semeiotica medica
• Medicina interna, malattie metaboliche e vascolari
• Gastroenterologia e endoscopia digestiva
• Malattie infettive ed epatologia
• Malattie del ricambio e diabetologia

5. _Geriatrico e riabilitativo_
Dir. Marco Franceschini
• Clinica geriatrica
• Geriatria
• Medicina riabilitativa

6. _Pneumologico_
Dir. Gian Franco Consigli
• Clinica pneumologica
• Pneumologia
• Fisiopatologia respiratoria

7. _Chirurgico_
Dir. Luigi Roncoroni
• Clinica chirurgica e terapia chirurgica
• Clinica chirurgica e trapianti d'organo
• Chirurgia vascolare
• Chirurgia toracica
• Urologia
• Chirurgia plastica e centro ustioni
• Dermatologia
• 2a Anestesia, rianimazione e terapia antalgica

8. _Osteo-articolare_
Dir. Elio Rinaldi
• Clinica ortopedica
• Ortopedia
• Reumatologia e medicina interna

9. _testa-collo_
Dir. Giovanni Maraini
• Oculistica
• Otorinolaringoiatria e otoneurochirurgia
• Otorinolaringoiatria
• Maxillo-facciale
• Odontostomatologia

10. _Neuroscienze_
Dir. f.f. Gianbattista Spagnoli
• Neurologia

- Neurochirurgia
- Psichiatria
- Neuroradiologia

11. _cuore_
Dir. Tiziano Gherli
- Cardiologia
- Cardiochirurgia
- Medicina interna e malattie cardiache

12. _materno-infantile_
Dir. Sergio Bernasconi
- Ostetricia e ginecologia
- Neonatologia
- Clinica pediatrica
- Pediatria e oncoematologia
- Chirurgia pediatrica

13. _radiologia e diagnostica_
f.f. Gianbattista Spagnoli
- Scienze radiologiche
- 1a Radiologia
- 2a Radiologia
- 3a Radiologia
- Medicina nucleare

14. DIAGNOSTICA DI LABORATORIO
Dir. Cesare Monica
- Analisi chimico-cliniche
- Immunoematologia e trasfusionale

15. PATOLOGIA E MEDICINA DI LABORATORIO
Dir. Carlo Chezzi
- Anatomia e istologia patologica
- Microbiologia
- Virologia

b) Sei un medico del Pronto Soccorso. In quale dipartimento e reparto invieresti queste persone?

① Una signora che dice di essersi rotta un braccio cadendo dalle scale.
osteoarticolare radiologia

② Un signore anziano con un forte dolore al cuore.
cuore

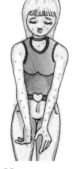

③ Una ragazza che presenta macchie rosse sulla pelle.
medicina 3

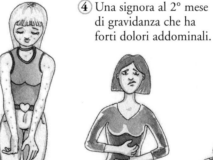

④ Una signora al 2° mese di gravidanza che ha forti dolori addominali.
materno-infantile

⑤ Un giovane con un fortissimo mal di denti.
testa-collo

⑥ Un uomo che ha problemi agli occhi.
testa-collo

⑦ Una signora che non ricorda più come si chiama e non riesce a trovare la strada di casa.
geriatrico

⑧ Un ragazzo che dice di vedere mostri che lo seguono dappertutto.
neuroscienze

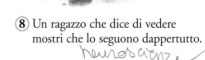

note
1: http://www.ao.pr.it.

1 L'ospedale

Gli strumenti del medico

1 **Comprendere la terminologia medica**

Conosci gli strumenti del medico? Abbina i nomi degli strumenti all'immagine giusta.

abbassalingua monouso - alcool - altimetro - bacinella - bende - bilancia - borsa - cerotti - cotone - stetoscopio - garza sterile - guanti monouso sterili - lacci di gomma - lettino - martelletto per riflessi - mascherina - set chirurgico - sfigmomanometro - siringhe monouso - termometro

1. _____borsa_____

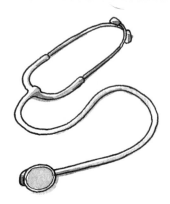

2. _____stetoscopio_____

3. _____sfigmomanometro_____

4. lacci di gomma _____cerotti_____

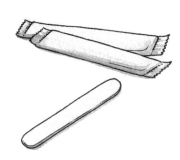

5. _____abbassalingua monouso_____

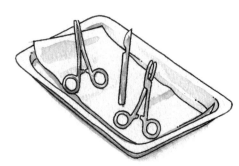

6. _____set chirurgico_____

7. _____termometro_____

8. _martelletto per_ _riflessi_

9. _guanti monouso_ _sterili_

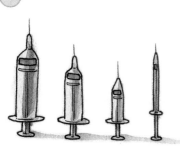
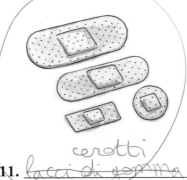

cerotti

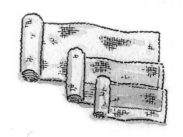

10. _siringhe monouso_   **11.** _lacci di gomma_   **12.** _bende_

13. _garza sterile_   **14.** _alcool_   **15.** _cotone_

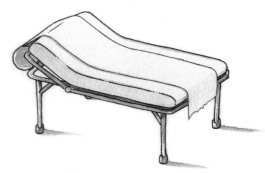

16. _bacinella_   **17.** _lettino_

18. _bilancia_

19. _altimetro_   **20.** _mascherina_

_Ora guarda la soluzione a pag. 117 e calcola le risposte giuste. Se hai totalizzato meno di 15/20 rivedi
l'esercizio e prova a rifarlo fra qualche giorno. Scrivi tutti e due i risultati._

Primo totale: _____ /20   **Secondo totale:** _____ /20

Il corpo umano

① Comprendere la terminologia medica

Conosci i nomi delle parti del corpo in italiano? Metti al posto giusto nel disegno le parole della lista, come negli esempi.

addome - ~~ascella~~ - avambraccio - bacino - bocca - braccio - caviglia - collo - coscia - dita - gamba - ginocchio - gomito - mano - naso - occhio - orecchio - piede - ~~polpaccio~~ - polso - pube - schiena - spalla - tallone - testa - torace

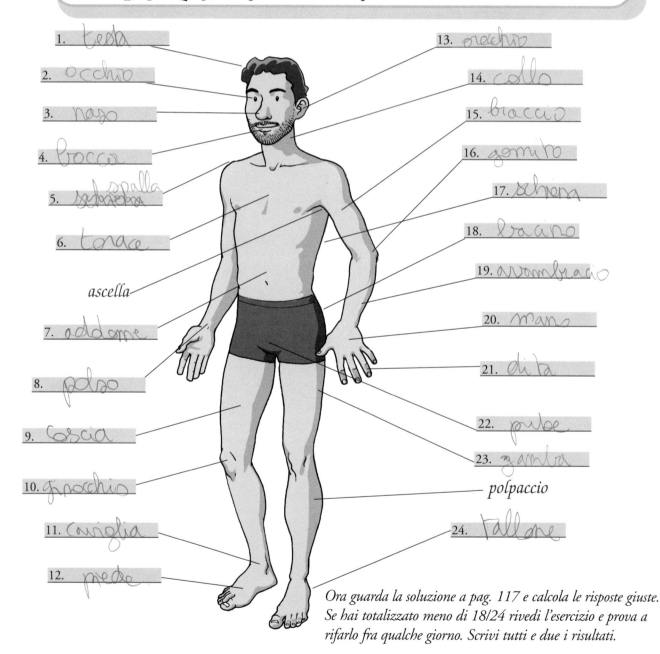

1. testa
2. occhio
3. naso
4. bocca
5. spalla
6. torace
ascella
7. addome
8. polso
9. coscia
10. ginocchio
11. caviglia
12. piede
13. orecchio
14. collo
15. braccio
16. gomito
17. schiena
18. braccio
19. avambraccio
20. mano
21. dita
22. pube
23. gamba
polpaccio
24. tallone

Ora guarda la soluzione a pag. 117 e calcola le risposte giuste. Se hai totalizzato meno di 18/24 rivedi l'esercizio e prova a rifarlo fra qualche giorno. Scrivi tutti e due i risultati.

Primo totale: _____ /24   **Secondo totale:** _____ /24

La cellula

1 Ipotizzare

Cos'è la cellula? Scegli la definizione giusta.

a. Un minerale. ☐

b. La più piccola unità di sostanza vivente. ☑

c. Un vegetale. ☐

2 Terminologia medica

Prima di leggere il testo "L'organizzazione cellulare", rifletti sul significato di queste espressioni che ti aiuteranno a capire meglio la lettura.

espressione del testo	significato
1. circondato	chiuso dentro
2. membrana	rivestimento, strato sottile di tessuto che avvolge organi o parti di organi
3. grazie alla presenza	perché c'è
4. proteine	sostanze organiche composte da amminoacidi
5. molecole	insieme di atomi
6. grovigli	intrecci, nodi
7. filamenti	elementi di struttura allungata, sottile
8. confine	limite
9. omeostasi	la capacità degli organismi di mantenere un equilibrio stabile, nonostante il variare delle condizioni esterne

3 Leggere

Ora leggi il testo¹. Le parole <u>sottolineate</u> *sono quelle che hai visto nell'esercizio precedente.*

L'organizzazione cellulare

1 <u>Circondato</u> da una <u>membrana</u> nucleare, il **nucleo** controlla la maggior parte delle attività cellulari <u>grazie alla presenza</u> del DNA. Il DNA contiene il codice genetico, che costituisce la serie dei programmi di base per l'elaborazione delle <u>proteine</u> cellulari, compresi gli enzimi. Tranne nel momento in cui il nucleo si sta dividendo, il DNA è
5 avvolto attorno a <u>molecole</u> proteiche e forma <u>grovigli</u> di lunghi <u>filamenti</u>, che prendono il nome di **cromatina**. All'interno del nucleo si trova anche il **nucleolo**, una struttura che produce particelle cellulari chiamate **ribosomi**. La struttura che forma il <u>confine</u> fra una cellula e il suo ambiente esterno è la **membrana plasmatica** che controlla il movimento dei materiali che entrano ed escono dalla cellula. La membrana plasmatica
10 permette a materiali utili, come l'ossigeno e i nutrienti, di entrare e ai prodotti di rifiuto, come l'acqua in eccesso, di uscire e, in questo modo, consente alla cellula di mantenere una <u>omeostasi</u> interna.

4 Colpo d'occhio

Rileggi il testo "L'organizzazione cellulare" e indica quali termini sono presenti solo nell'immagine.

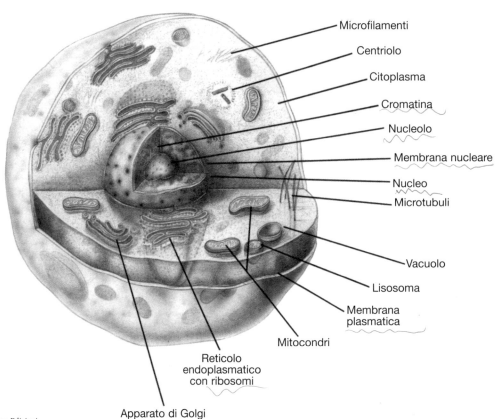

Microfilamenti
Centriolo
Citoplasma
Cromatina
Nucleolo
Membrana nucleare
Nucleo
Microtubuli
Vacuolo
Lisosoma
Membrana plasmatica
Mitocondri
Reticolo endoplasmatico con ribosomi
Apparato di Golgi

5 Comprendere la terminologia medica

Trova e trascrivi il punto esatto del testo "L'organizzazione cellulare" in cui si parla dell'immagine.

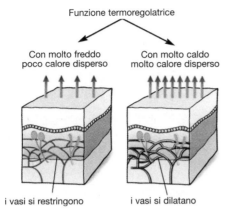

Funzione termoregolatrice

Con molto freddo
poco calore disperso

Con molto caldo
molto calore disperso

i vasi si restringono   i vasi si dilatano

_____

_____

_____

6 Fissare la terminologia medica

Collega le definizioni con le espressioni giuste.

definizione	espressione
1. è circondato da una membrana e controlla la maggior parte delle attività cellulari grazie alla presenza del DNA	a. omeostasi *(g)*
2. la sostanza che avvolge il DNA *(d)*	b. DNA
3. le particelle cellulari prodotte dal nucleolo *(g)*	c. enzima
4. contiene il codice genetico *(b)*	d. cromatina
5. la struttura che forma il confine fra una cellula e il suo ambiente esterno *(h)*	e. codice genetico
6. l'insieme delle informazioni racchiuse nella struttura molecolare del DNA e dell'RNA *(e)*	f. proteine
7. un tipo di proteina *(c)*	g. ribosomi
8. sostanze organiche composte da amminoacidi *(f)*	h. membrana plasmatica
9. la capacità degli organismi di mantenere un equilibrio stabile, nonostante il variare delle condizioni esterne *(a)*	i. nucleo

[annotazione manoscritta: proteine = sostanze organiche composte da amminoacidi]

note

1: AA.VV. *Biologia. La dinamica della vita*, Zanichelli, Bologna, 1994, p. 60-1.

4 La cellula

L'apparato circolatorio

1 **Ipotizzare**

Osserva questa immagine. Che cosa rappresenta?

a. Il sistema linfatico. ☐
b. L'ipertensione arteriosa. ☐
c. La doppia circolazione sanguigna nell'uomo. ☑
d. Il sangue. ☐
e. I polmoni. ☐

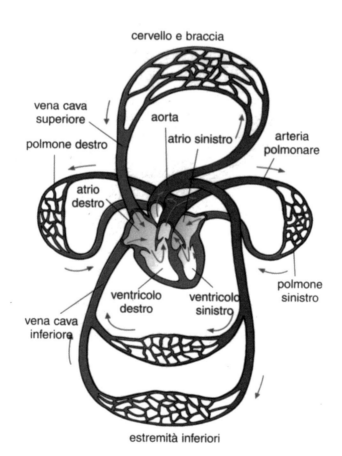

2 Leggere

Leggi il testo[1].

La circolazione

1 Il sangue venoso, raccolto nei <u>capillari</u>, confluisce nelle <u>vene</u> che lo portano all'atrio destro; da qui, attraverso una valvola, il sangue viene spinto nel ventricolo destro e, da questo, nelle <u>arterie</u> polmonari che lo portano ai <u>polmoni</u>. Il sangue, cedendo agli <u>alveoli polmonari</u> <u>biossido di carbonio</u> e ricevendo l'<u>ossigeno</u>, si trasforma in sangue

5 arterioso che confluisce nelle vene polmonari e, attraverso queste, giunge all'atrio sinistro che gli imprime una forte pressione verso l'**arteria aorta**. Questa si ramifica e porta il sangue arterioso a tutte le cellule, che rileveranno l'ossigeno e cederanno il biossido di carbonio. Il percorso del sangue, dai tessuti al cuore e viceversa, viene chiamato **circolazione arteriosa**; quello dai polmoni al cuore e viceversa,

10 **circolazione venosa**.

3 Schematizzare

Completa lo schema con i due tipi di circolazione.

| circolazione arteriosa | | circolazione venosa |

Il sistema circolatorio		
1. *circolazione venosa →*	cuore ⮂ polmoni ⮂ cuore	*Venosa*
2. *circolazione arteriosa*	cuore ⮂ cellule ⮂ cuore	*arteriosa*

oxygen + carbondioxide
ossigeno biossido carbonico

4 Comprendere la terminologia medica

Scrivi sotto ogni immagine l'espressione corrispondente, scegliendo tra le espressioni sottolineate nel testo dell'esercizio "La circolazione".

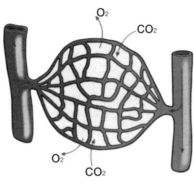

a. *i capillari nelle cellule cedono il biossido di carbonio e rilevano l'ossigeno*

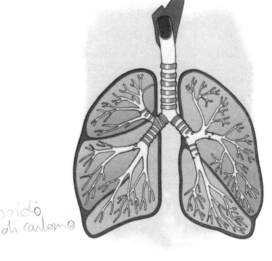

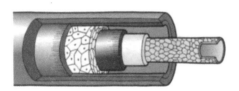

b. *le vene portano il sangue dal corpo al cuore dai tessuti*

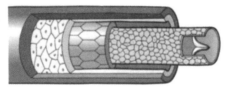

c. *le arterie portano il sangue dal cuore di tessuti*

d. *negli alveoli polmonari il sangue*

e. _____

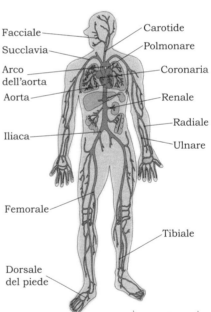

Facciale — Carotide
Succlavia — Polmonare
Arco dell'aorta — Coronaria
Aorta — Renale
Iliaca — Radiale
Ulnare
Femorale
Tibiale
Dorsale del piede

f. *la circolazione è l'apparato circolatorio*

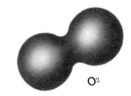

CO^2 O^2

g. *cede biossido di carbonio*

h. *e ricere ossigeno*

5 Ipotizzare

Prima di leggere il testo "Tecniche di controllo dell'apparato circolatorio", prova a ipotizzare quali tecniche e strumenti riguardano l'apparato circolatorio.

1. Rilevazione del battito cardiaco. ☑
2. Fonendoscopio. ☑
3. Elettrocardiogramma. ☑
4. Biografia. ☐
5. Ecocardiografia. ☑
6. Tomografia assiale computerizzata (TAC). ☐
7. Risonanza magnetica. ☐
8. Scintigrafia. ☑

6 Leggere

Ora leggi il testo[2].

Tecniche di controllo dell'apparato circolatorio

1   Il funzionamento dell'apparato circolatorio può essere controllato indirettamente attraverso vari metodi. Il controllo più semplice consiste nella **rilevazione del battito cardiaco** con le dita appoggiate al polso. La regolarità, la frequenza e l'intensità del battito cardiaco sono sintomi facili da rilevare e importanti per individuare stati

5   patologici. È infatti nel polso che si avvicinano alla superficie le arterie, nelle quali è possibile percepire la variazione di pressione che segue ad ogni sistole del cuore (il "battito"). Lo strumento forse più tipico della figura tradizionale del medico è il **fonendoscopio** che amplifica i rumori che il cuore emette durante il funzionamento. Anche il cuore, come l'encefalo, produce nella sua attività correnti elettriche

10   registrabili attraverso l'**elettrocardiografo**, una apparecchiatura che amplifica e registra l'attività elettrica del cuore. La traccia che si ottiene è detta **elettrocardiogramma** (ECG) che consente al medico di avere preziose informazioni sullo stato del cuore. L'**ecocardiografia** è una tecnica che si basa sull'invio di ultrasuoni attraverso la parete toracica in direzione del cuore. Un ulteriore metodo di

15   indagine consiste nell'iniezione nei vasi di sostanze radioattive che si fissano nel muscolo cardiaco. L'emissione radioattiva consente di ottenere immagini fotografiche molto significative dello stato del cuore. La **scintigrafia** è una tecnica molto utile per reperire informazioni sul cuore, soprattutto per ciò che concerne lo stato patologico dell'organo a seguito di un infarto cardiaco.

checking the pulse = rilevazione del battito cardiaco

7 Comprendere la terminologia medica

Collega le tecniche e gli strumenti di sinistra con le definizioni di destra.

tecniche e strumenti	definizione
1. rilevazione del battito cardiaco	a. strumento che si usa per "ascoltare" il cuore
2. fonendoscopio	b. strumento che serve per controllare l'attività elettrica del cuore
3. elettrocardiografo	c. il risultato dell'esame fatto con l'elettrocardiografo
4. elettrocardiogramma	d. tecnica fotografica di controllo del cuore consigliata dopo un infarto
5. ecocardiografia	e. tecnica di controllo "manuale" del cuore attraverso il polso
6. scintigrafia	f. tecnica di controllo del cuore attraverso gli ultrasuoni

8 Occhio alla lingua! I nomi in *-gramma*, *-grafo* e *-grafia*

- *Tutti i nomi in **-gramma** sono maschili e indicano parole composte di formazione moderna, dal greco -gramma, deriv. di gráphein "scrivere".*

- *Tutti i nomi in **-grafo** sono maschili e indicano un apparecchio, una apparecchiatura, uno strumento.*

- *Tutti in nomi in **-grafia** sono femminili e indicano una tecnica di registrazione o un metodo di indagine che consente la diagnosi di diverse malattie.*

*Trova nel testo dell'esercizio 6 le parole composte in **-gramma**, **-grafo** e **-grafia** e spiega il loro significato.*

L'apparato circolatorio

5

9 Fissare la terminologia medica

Il linguaggio medico è caratterizzato da espressioni idiomatiche formate da parole a gruppi che assumono un significato specifico solo se prese come insieme.
Ricostruisci le espressioni tratte dal testo "Tecniche di controllo dell'apparato circolatorio".

patologico - toracica - cardiaco - circolatorio

1. apparato _circolatorio_

2. battito _cardiaco_

3. stato _patologico_

4. parete _toracica_

10 Ipotizzare

Guarda questa immagine. Secondo te di che cosa tratterà il testo che leggerai?

del sangue

globuli rossi   piastrine   globuli bianchi   plasma

11 Terminologia medica

Prima di leggere il testo "Il sangue", rifletti sul significato di queste espressioni che ti aiuteranno a capire meglio la lettura.

espressione del testo	significato
1. tessuto	insieme di cellule che svolgono la stessa funzione
2. pigmento	colore
3. fagocitandoli	mangiandoli in fretta e avidamente
4. infezione	aggressione di batterio, virus o altro microrganismo con provocazione di processo infiammatorio
5. coagulazione	fenomeno che trasforma il sangue da liquido a solido

12 Leggere

Ora leggi il testo[3]. Le parole <u>sottolineate</u> sono quelle che hai visto nell'esercizio precedente.

Il sangue

1	Il sangue, pur essendo fluido, è considerato un <u>tessuto</u>, poiché contiene cellule immerse in una sostanza liquida, il **plasma**, formato per il 90% di acqua.
	Le cellule del sangue sono i globuli rossi, i globuli bianchi e le piastrine.
	Tutte queste cellule traggono origine dal midollo spinale.
5	I **globuli rossi**, sono cellule a forma di disco biconcavo, prive di nucleo, che non si riproducono, ma vengono prodotti continuamente dal midollo osseo. Vivono da 90 a 120 giorni e quando invecchiano e muoiono vengono eliminati dalla milza; sono cellule di colore rosso perché costituite soprattutto di emoglobina. L'**emoglobina** è un <u>pigmento</u>, indispensabile per il trasposto dell'ossigeno, formato da una **proteina**, la
10	globina, e dal gruppo **eme** contenente ferro; esso si combina alternativamente con l'ossigeno e il biossido di carbonio, consentendone il trasporto.
	I **globuli bianchi**, o **leucociti**, sono cellule quasi sferiche di vari tipi: i **granulociti**, con funzione di difesa contro i germi che inglobano e distruggono <u>fagocitandoli</u>; i **linfociti**, maturati dalle ghiandole linfatiche, che sono fondamentali nei meccanismi
15	di difesa immunitaria; i **monociti**, i più voluminosi, in grado di fagocitare batteri e sostanze dannose.
	Il numero dei globuli bianchi aumenta in caso di <u>infezione</u>. Essi possono anche uscire dai vasi sanguigni ed entrare nei tessuti per svolgere le loro funzioni di difesa.
	Le **piastrine** sono frammenti di cellule del midollo osseo. Partecipano attivamente alla
20	**coagulazione** del sangue, fenomeno che impedisce la fuoriuscita continua di sangue in caso di rottura dei vasi.

13 Capire

Vero o falso? Rispondi con una X e indica la riga.

	vero	falso	riga n°
1. Il sangue è un liquido.	☒	☐	___
2. I globuli rossi, i globuli bianchi e le piastrine sono prodotti dal plasma.	☐	☐	___
3. I globuli rossi sono cellule senza nucleo.	☒	☐	___
4. L'emoglobina trasporta ossigeno.	☒	☐	___
5. I globuli bianchi hanno una funzione di difesa immunitaria.	☒	☐	___
6. Se c'è un'infezione in atto, il numero dei globuli bianchi aumenta.	☒	☒	___
7. In caso di ferita, le piastrine formano una barriera protettiva, che impedisce al sangue di fuoriuscire.	☒	☐	___

5 L'apparato circolatorio (margine)

14 Capire

Trova e trascrivi il punto esatto del testo "Il sangue" in cui si parla di quello che l'immagine rappresenta.

① ②

1. ....

....

....

2. ....

....

....

15 Comprendere la terminologia medica

Collega le espressioni del testo con il significato corretto, come nell'esempio.

riga n.	espressione del testo	significato
1	1. fluido	a. nascono, provengono
4	2. traggono origine	b. a forma di sfera, di palla
5	3. prive di	c. sostanza liquida, non solida (es. acqua)
12	4. sferiche	d. mangiandoli
13	5. germi	e. non permette
13	6. fagocitandoli	f. batteri, virus
19	7. frammenti	g. perdita
20	8. impedisce	h. piccoli pezzi
20	9. fuoriuscita	i. senza

16 Cruciverba

Fai il cruciverba.

ORIZZONTALI →

3. È di colore rosso, e serve per il trasposto dell'ossigeno: EMO globina

4. Distruggono batteri e sostanze dannose.

5. I globuli bianchi si chiamano anche ...

6. Genera le cellule del sangue: midollo ...

VERTICALI ↓

1. Sostanza liquida formata per il 90% di acqua.

2. Frammenti di cellule del midollo osseo.

3. Possono essere bianchi o rossi.

17 Ipotizzare

Guarda la tabella e rispondi alla domanda.

Esame emocromocitometrico	
n. di globuli rossi (GR)	4,0 – 5,6 milioni per mm3
n. di globuli bianchi (GB)	4.800÷10.800 per mm3
n. di piastrine (coagulazione) (PLT)	150.000÷450.000 per mm3
emoglobina (Hb)	12 – 18 gr per 100ml
ematocrito (HT)	37 – 52%
volume cellulare medio (VCM)	80 – 90 FI
Formula leucocitaria	
leucociti neutrofili	60÷70 %
leucociti eosinofili	1÷4 %
leucociti basofili	0,5÷1 %
linfociti	25÷33 %
monociti	2÷6 %

Cosa rappresenta la tabella?

a. I valori normali delle analisi del sangue. ☑

b. Le tecniche di controllo dell'apparato circolatorio. ☐

c. Il numero delle cellule del sangue. ☐

18 Terminologia medica

Prima di leggere il testo "Gli esami del sangue", rifletti sul significato di queste espressioni che ti aiuteranno a capire meglio la lettura.

espressione del testo	significato
1. esame	analisi
2. componente cellulare	composizione delle cellule
3. fattori della coagulazione	ad es. le piastrine
4. sedimentano	si uniscono, si aggregano
5. infiammazione	flogosi, processo di reazione dei tessuti ad agenti patogeni caratterizzato da dolore, calore, arrossamento, gonfiore della parte lesa e riduzione delle sue funzioni
6. anemia	diminuzione nel sangue del contenuto di emoglobina o di globuli rossi o di entrambi
7. disidratazione	perdita di acqua o liquidi da parte delle cellule

L'apparato circolatorio

5

19 Leggere

Ora leggi il testo[4]. Le parole <u>sottolineate</u> sono quelle che hai visto nell'esercizio precedente.

Gli esami del sangue

1 Il sangue può essere sottoposto a diversi esami. L'<u>esame</u> **emocromocitometrico** analizza la composizione del sangue in relazione alla <u>componente cellulare</u>. Con questo esame si controllano forma, numero e dimensioni delle cellule del sangue e i <u>fattori della coagulazione</u>. Importante è anche la conoscenza della formula
5 leucocitaria, cioè le percentuali dei tipi di leucociti sul totale. L'esame della **velocità di eritrosedimentazione (VES o I.K.)** consente di determinare la velocità con la quale i globuli rossi <u>sedimentano</u>: qualsiasi aumento del valore normale è indizio di una <u>infiammazione</u> o infezione in atto. I valori normali sono 4÷9 mm/h per i maschi e 4÷20 mm/h per le femmine. L'esame dell'**ematocrito (Ht)** indica il volume
10 occupato dagli elementi cellulari del sangue dopo coagulazione. I valori normali sono 43÷50% per i maschi e 38÷45% per le femmine. Nell'<u>anemia</u> il valore è basso, nella <u>disidratazione</u> è alto.

20 Capire

Osserva questi esami e trascrivi di seguito <u>solo</u> i valori corrispondenti all'esame emocromocitometrico, come nell'esempio. Riguarda lo schema dell'esercizio 17.

Esami di laboratorio

Data	GB	GR	HB	HT	VCM	PLT.	GLIC.	AZOT.	PROT	GPT	IK	COL.	TRIG.	FE	FERRIT	URINE	ALTRO
9.8.04	7500	5200000	149	48	92	280000	434	51	50	50	20	240	320	60	250	GLICOSURIA	

Esame emocromocitometrico:

- *Globuli bianchi (GB) 7500*

- *Globuli rossi (GR)*...................................

- ....

- ....

- ....

- ....

21 Comprendere la terminologia medica

Rispondi alle domande.

1) esame
Emocromocitometrico
2) VES
3) HT

1. Quali sono gli esami del sangue? *PLT, GB, GR, HG, VES, VCM, HT*
2. Quale esame del sangue controlla forma, numero e dimensioni delle cellule del sangue e i fattori della coagulazione? *emocromocitometrico*
3. Che cosa indica la formula leucocitaria? *Le percentuali dei tipi di leucociti sul totale*
4. Quale esame rivela infiammazione o infezione in atto? *VES*

22 In altri termini

Ritrova nel testo "Gli esami del sangue" i punti esatti corrispondenti ai significati di sinistra e trascrivili nella colonna destra, come nell'esempio.

significato	punto corrispondente nel testo "Gli esami del sangue"
1. Questo esame controlla quante cellule ci sono nel sangue e quali sono.	*L'esame emocromocitometrico analizza la composizione del sangue in relazione alla componente cellulare.*
2. È necessario sapere anche quanti e quali leucociti ci sono nel sangue.	*è importante la formula leucocitaria, cioè le percentuali dei tipi di leucociti sul totale*
3. Se la velocità di sedimentazione dei globuli rossi aumenta, vuol dire che c'è una flogosi in atto.	*in frammazione*

23 Diagnosticare

Una tua paziente di 40 anni lamenta stanchezza (astenia). Ha le mestruazioni molto abbondanti. Mangia poca carne. Ti fa vedere i suoi esami del sangue. Quali valori saranno, a tuo avviso, alterati? Indicali con una X, come nell'esempio.

Esami di laboratorio

Data	GB	GR	HB	HT	VCM	PLT.	GLIC.	AZOT.	PROT	GPT	IK	COL.	TRIG.	FE	FERRIT	URINE	ALTRO
9.8.04	7000	3900000	10,2	35	70	250000	105	45	40	41	25	201	150	30	20	Ematuria	
		X	X	X	X									X	X		

24 **Leggere**

Leggi il testo[5].

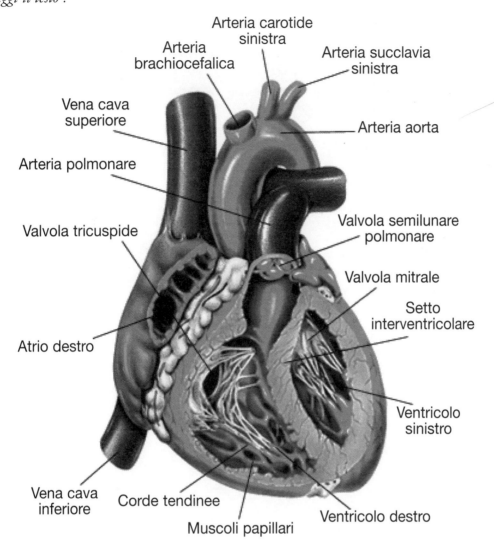

Arteria carotide sinistra

Arteria brachiocefalica

Arteria succlavia sinistra

Vena cava superiore

Arteria aorta

Arteria polmonare

Valvola semilunare polmonare

Valvola tricuspide

Valvola mitrale

Setto interventricolare

Atrio destro

Ventricolo sinistro

Vena cava inferiore

Corde tendinee

Muscoli papillari

Ventricolo destro

Anatomia del cuore e circolazione del sangue

Tramite le **vene polmonari** il sangue, povero di ossigeno, arriva all'**atrio destro** del cuore. Attraverso una valvola cardiaca (**valvola tricuspide**) passa nel ventricolo destro da cui, attraverso un'altra valvola (**valvola polmonare**), viene pompato nella circolazione polmonare. Nelle piccole ramificazioni terminali (**capillari polmonari**) il sangue cede agli **alveoli polmonari** anidride carbonica e assorbe ossigeno proveniente dall'aria inspirata.

Tramite le vene polmonari il sangue, ricco di ossigeno, arriva all'**atrio sinistro** e poi, attraverso la **valvola mitrale**, al **ventricolo sinistro**. Quest'ultimo, con movimenti ritmici di pompaggio, spinge con gran forza il sangue attraverso un'ulteriore valvola aortica nell'**aorta**, l'arteria principale. L'onda di pressione che si forma quando il sangue viene pompato nelle arterie si può sentire come pulsazione al polso ed al collo.

5 L'apparato circolatorio

25 Schematizzare

Hai capito quello che hai letto? Completa i due schemi con le parole della lista.

> **aorta - atrio - atrio - circolazione - valvola - valvola - valvola - valvola -
> vene - vene - ventricolo - ventricolo**

il percorso del sangue

sangue povero di ossigeno

~~arterie~~ *vene*
polmonari

atrio
destro

_____
tricuspide

_____
destro

_____
polmonare

_____
polmonare

sangue ricco di ossigeno

vene
polmonari

atrio
sinistro

valvola
mitrale

ventricolo
sinistro

~~arteria~~ *valvola*
aortica

aorta

26 Fissare la terminologia medica

Scrivi le espressioni della lista al posto giusto nel disegno, come nell'empio.

> **arteria aorta - arteria branchiocefalica - arteria ca~~rotide~~ sinistra - arteria polmonare -**
> **arteria succlavia sinistra - atrio destro - corde tendinee - muscoli papillari -**
> **setto interventricolare - valvola mitrale - valvola (semilunare) polmonare - valvola tricuspide**
> **- vena cava inferiore - vena cava superiore - ventricolo destro - ventricolo sinistro**

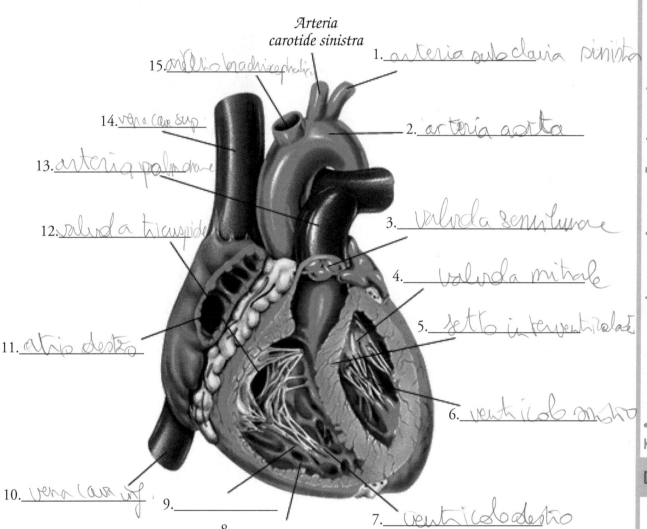

Arteria carotide sinistra

15. anello branchicephalic

14. vena cava sup

13. arteria polmonare

12. valvola tricuspide

11. atrio destro

10. vena cava inf

9. _____

8. _____

1. arteria subclavia sinistra

2. arteria aorta

3. valvola semilunare

4. valvola mitrale

5. setto interventricolare

6. ventricolo sinistro

7. ventricolo destro

Ora guarda la soluzione a pag. 27 e calcola le risposte giuste. Se hai totalizzato meno di 12/15 rivedi l'esercizio e prova a rifarlo fra qualche giorno. Scrivi tutti e due i risultati.

Primo totale: _____ /15   **Secondo totale:** _____ /15

5 L'apparato circolatorio

27 Leggere

Leggi il testo[6].

L'arteriosclerosi

1   L'arteriosclerosi è la causa più importante di insufficiente irrorazione sanguigna. Si parla di arteriosclerosi in caso di alterazione

5   patologica delle arterie dovuta a depositi di grasso, indurimenti e calcificazioni nelle pareti vasali. Generalmente il processo si protrae per anni e decenni senza che un

10   qualsiasi sintomo indichi che i vasi sanguigni sono ristretti dalla presenza di tali depositi. Sintomi: l'arteriosclerosi ha un'evoluzione silenziosa e senza

15   sintomi percettibili. Di solito si manifesta soltanto in stadio avanzato sotto forma di angina pectoris, di infarto cardiaco, di ictus cerebrale o di arteriopatia

20   periferica obliterante. Terapia: se si individua l'arteriosclerosi, cambiamenti dello stile di vita e farmaci (antiaggreganti, ipoliepimizzanti

25   e/o antipertensivi) possono contribuire ad evitarne le complicazioni.

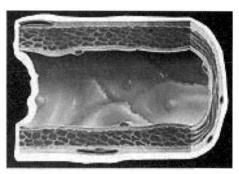

1: arteria senza depositi

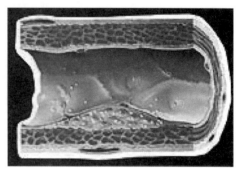

2: vaso sanguigno con depositi (placche arteriosclerotiche)

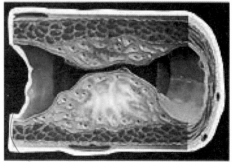

3: vaso sanguigno ristretto ("stenosato") da grossi depositi

L'apparato circolatorio

5

28 Prendere appunti

Rileggi velocemente il testo e completa la tabella.

nome della malattia	
organi colpiti dalla malattia	
sintomi	
cause	
farmaci	

29 Comprendere la terminologia medica

Scegli il significato corretto per ogni espressione, come nell'esempio.

> come si cura la malattia - deposizioni di calcio sulle pareti dei vasi -
> farmaci che impediscono al sangue di aggregarsi - farmaci contro l'ipertensione -
> fase successiva - patologia - non passa abbastanza sangue nei vasi sanguigni -
> il peggioramento della malattia - il segno della malattia - quantità, accumulo di grasso -
> farmaci che abbassano il livello dei lipidi nel sangue

riga n.	espressione del testo	significato
2-3	insufficiente irrorazione sanguigna	a. *non passa abbastanza sangue nei vasi sanguigni*
4-5	alterazione patologica	b.
6	depositi di grasso	c.
7	calcificazioni nelle pareti vasali	d.
10	sintomo	e.
16-17	stadio avanzato	f.
21	terapia	g.
24	antiaggreganti	h.
24	ipoliepimizzanti	i.
25	antipertensivi	l.
27	complicazioni	m.

30 Fissare la terminologia medica

Scrivi sotto ogni immagine l'espressione giusta.

a. Un vaso sanguigno stenosato.
b. Un'arteria senza depositi di grasso.
c. Un vaso sanguigno con placche arteriosclerotiche.

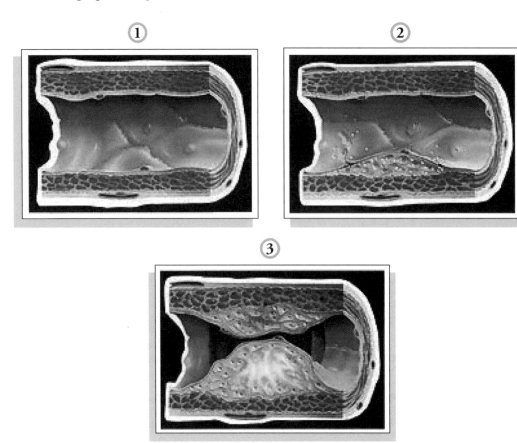

31 Fissare la terminologia medica

Completa le espressioni con le parole del testo "L'arteriosclerosi".

1. La malattia delle arterie è *l'arteriosclerosi*.

2. I depositi di grasso restringono i _____ sanguigni.

3. Un cambiamento dello stile di vita può evitare le _____ della malattia.

4. Per curare l'arteriosclerosi si prescrivono dei farmaci _____, ipoliepimizzanti e/o

   _____.

note

1: F. Fabris, J. MC Cormack, *Scienzeoggi.it. L'uomo*, Trevisin, Milano, 2003, p. 92-93.
2: AA.VV., *Elementi di Biologia*, Bovolenta Editore, Ferrara, 2001, p. B/97.
3: F. Fabris, J. MC Cormack, *Scienzeoggi.it. L'uomo*, Trevisin,

Milano, 2003, p. 84-85.
4: AA.VV., *Elementi di Biologia*, Bovolenta Editore, Ferrara, 2001, p. B/92.
5: www.swissheart.ch.
6: www.swissheart.ch.

L'apparato digerente

1 Comprendere la terminologia medica

*Segui le indicazioni del testo e scrivi i termini in **grassetto** al posto giusto nel disegno, come nell'esempio.*

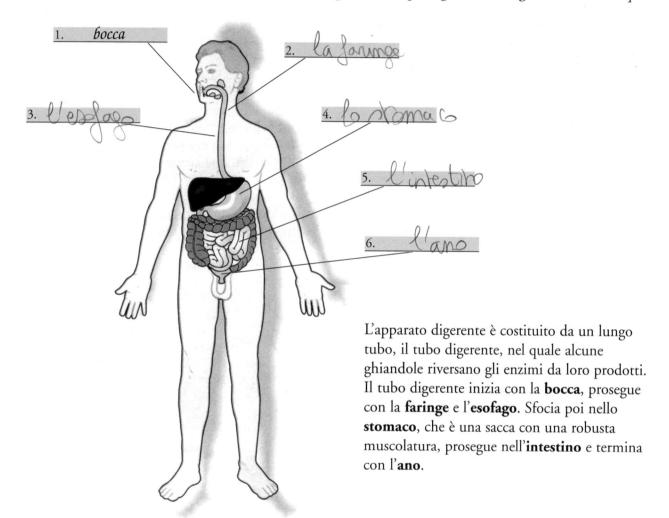

1. bocca
2. la faringe
3. l'esofago
4. lo stomaco
5. l'intestino
6. l'ano

L'apparato digerente è costituito da un lungo tubo, il tubo digerente, nel quale alcune ghiandole riversano gli enzimi da loro prodotti. Il tubo digerente inizia con la **bocca**, prosegue con la **faringe** e l'**esofago**. Sfocia poi nello **stomaco**, che è una sacca con una robusta muscolatura, prosegue nell'**intestino** e termina con l'**ano**.

2 Ipotizzare

Leggi questa definizione e rispondi alla domanda.

La digestione è una trasformazione chimica che richiede organi adatti alla funzione digestiva e l'azione di enzimi appropriati per ogni tipo di molecola da scomporre. L'insieme di questi organi forma l'apparato digerente.

Secondo te cosa descrive?

1. ulcera ☐   2. maltasi ☐   3. digestione ☑   4. tripsina ☐   5. circolazione ☐

? secerne = secret?

3 Indovinare

Indovina le parole nascoste.

1. B O C C A   ➥ **B O C C A**

2. S T O M A C O   ➥ _ _ _ _ _ _ _

3. F A R I N G E   ➥ _ _ _ _ _ _ _

4. I N T E S T I N O ➥ _ _ _ _ _ _ _ _ _

4 Comprendere la terminologia medica

Trascrivi accanto a ogni termine la giusta definizione del dizionario, come nell'esempio. Poi scrivi nell'ultima colonna una tua definizione dell'espressione o una traduzione nella tua lingua.

1.

s. m. (anat.) condotto, canale che permette il passaggio di un liquido organico.

2.

v. tr. (biol.) elaborare e produrre particolari sostanze.

3.

s. m. [pl. -mi] (chim. biol.) sostanza di natura proteica capace di favorire, agendo da catalizzatore, determinate reazioni chimiche nell'organismo.

4.

(chim.) frazionare, separare, dividere un composto negli elementi che lo compongono, o in altri composti più semplici.

espressione del testo	definizione del dizionario	significato o traduzione
a. secerne		
b. enzimi		
c. dotto	1. s. m. (anat.) condotto, canale che permette il passaggio di un liquido organico	
d. scindendoli		

6 L'apparato digerente

⑤ Leggere

Ora leggi il testo. Le parole <u>sottolineate</u> sono quelle che hai visto nell'esercizio precedente.

Il pancreas

1   Il **pancreas** è una grossa ghiandola dalla forma allungata, situata sotto lo **stomaco**. Nel processo digestivo <u>secerne</u> il succo pancreatico.

    Il succo pancreatico è un liquido basico, per la presenza di carbonato di sodio, ricco di <u>enzimi</u> digestivi; attraverso il **dotto** pancreatico, viene immesso nel **duodeno**.

5   I principali enzimi prodotti dal pancreas sono: la tripsina, che attacca le proteine e i peptoni <u>scindendoli</u> in amminoacidi; l'amilasi, che attacca gli amidi che non sono stati demoliti dalla pralina, trasformandoli in molecole di glucosio; la maltasi, che agisce sul maltosio trasformandolo in due molecole di glucosio; la lipasi pancreatica, che attacca i grassi (lipidi) scindendoli.

⑥ Comprendere la terminologia medica

Metti al posto giusto nell'immagine le espressioni della lista.

dotto pancreatico - duodeno - pancreas - stomaco

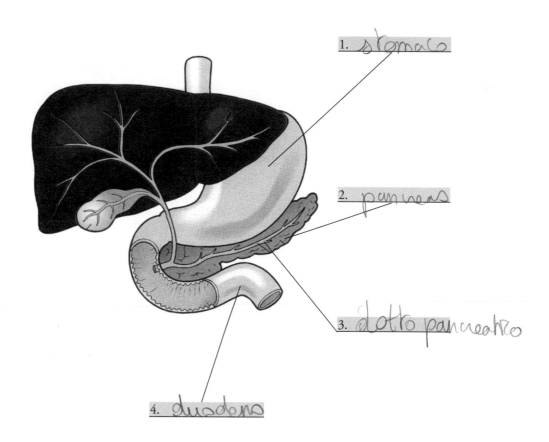

1. stomaco
2. pancreas
3. dotto pancreatico
4. duodeno

6 L'apparato digerente

Do Secrete : secernere / sulco = sekretion

7 Comprendere la terminologia medica

Collega le espressioni del testo con il significato corretto, come nell'esempio.

riga n.	espressione del testo	significato
1	**1. pancreas**	a. canale all'interno del pancreas
2	2. succo pancreatico	**b. ghiandola situata sotto lo stomaco**
4	3. dotto pancreatico	c. enzima che attacca le proteine
5	4. tripsina	d. enzima che distrugge i grassi
6	5. amilasi	e. liquido basico ricco di enzimi digestivi
7	6. maltasi	f. enzima che attacca gli amidi e li trasforma in glucosio
8	7. lipasi	g. enzima che divide il maltosio in due molecole di glucosio

8 Capire

Trova e trascrivi il punto esatto del testo "Il pancreas" in cui si parla di quello che l'immagine rappresenta.

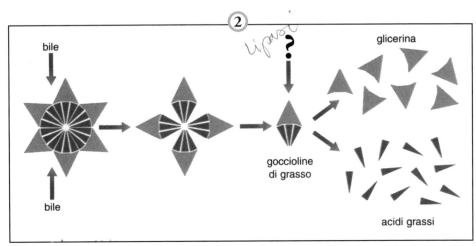

1. _____

2. _____

9 Anagramma

Risolvi gli anagrammi.

1. AASIMIL ⇒ **A M I L A S I**   5. MACOTOS ⇒ _ _ _ _ _ _ _

2. AASILTM ⇒ *MALTASI*   6. DDENUOO ⇒ _ _ _ _ _ _ _

3. SIIPAL ⇒ *LIPASI*   7. ANCRPEAS ⇒ _ _ _ _ _ _ _ _

4. RSIIPNAT ⇒ *TRIPSINA*

10 **Terminologia medica**

Prima di leggere il testo "Il fegato", rifletti sul significato di queste espressioni che ti aiuteranno a capire meglio la lettura.

espressione del testo	significato
1. ghiandola	organo che produce sostanze utili all'organismo o che elimina quelle dannose
2. glicemia	quantità di glucosio contenuta nel sangue
3. bile	liquido giallo-verdastro prodotto dal fegato che partecipa alla digestione dei grassi
3. emulsiona	scioglie
4. chimo	materiale alimentare contenuto nello stomaco dopo la digestione
5. azione antiputrida	azione che impedisce la decomposizione delle sostanze organiche
6. tossine	sostanze dannose per l'organismo

11 **Leggere**

Leggi il testo. Le parole <u>sottolineate</u> sono quelle che hai visto nell'esercizio precedente.

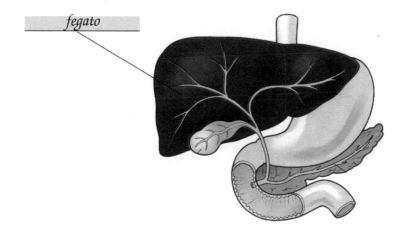

fegato

Il fegato

1 Il **fegato** è una <u>ghiandola</u> molto importante che interviene nella digestione e in tanti altri processi vitali. Funziona come deposito di vitamine A e D e contribuisce a mantenere costante la quantità di zucchero del sangue, cioè regola la **glicemia**.
Nella digestione il fegato interviene in vari modi: produce la **bile**, che suddivide i grassi
5 o lipidi in minutissime gocce, cioè li **emulsiona**, cosicché possono venire attaccati dagli enzimi digestivi; annulla l'acidità del <u>chimo</u> e svolge inoltre un'<u>azione</u> **antiputrida**, impedendo le fermentazioni intestinali che produrrebbero <u>tossine</u>.
La bile è immagazzinata in una vescichetta, la **cistifellea**.

6 L'apparato digerente

12 Prendere appunti

Rileggi velocemente il testo e completa la tabella.

nome della ghiandola	il fegato
funzioni	*aiuta* la digestione; regola glicemia, produce la bile emulsioni lipidi antiputrida (annulla l'acidità)
sostanze prodotte	bile

13 Fissare la terminologia medica

Completa le frasi con le espressioni della lista.

cistifellea - enzimi - grassi - intestino - emulsionare

La bile contenuta nella _cistifellea_ ha la proprietà di _emulsionare_ i _grassi_ per permettere agli _enzimi digestivi_ di attaccarli. La bile, inoltre, neutralizza l'acidità del chimo e svolge un'azione antiputrida delle sostanze nell' _intestino_, evitando le fermentazioni intestinali.

14 Indovinare

Indovina le parole nascoste.

il 1. F E G A T O ⟹ **FEGATO**

la 2. B I L E ⟹ _ _ _ _

la 3. C I S T I F E L L E A ⟹ _ _ _ _ _ _ _ _ _ _ _

4. I N T E S T I N O ⟹ _ _ _ _ _ _ _ _ _

15 Terminologia medica

Prima di leggere il testo "L'intestino", rifletti sul significato di queste espressioni che ti aiuteranno a capire meglio la lettura.

espressione del testo	significato
1. decomposizione	distruzione
2. scinde	divide
3. amminoacidi	componenti delle proteine
4. principi alimentari	sostanze di base degli alimenti
5. ridotti	trasformati

16 Leggere

Leggi il testo. Le parole sottolineate sono quelle che hai visto nell'esercizio precedente.

L'intestino

1   Nel **duodeno** vengono riversati gli enzimi prodotti dal fegato e dal pancreas: si completa così la <u>decomposizione</u> del cibo, iniziata in bocca e proseguita nello stomaco. La parte più attiva dell'intestino è l'intestino tenue, che si suddivide in: **duodeno**, **digiuno** e **ileo**. Nella parete interna del digiuno e dell'ileo le **ghiandole intestinali** o enteriche
5   secernono il **succo enterico**. Esso contiene molti enzimi fra cui:

- la **saccarasi**, che <u>scinde</u> il saccarosio in fruttosio e glucosio;
- la **maltasi**, che scinde il maltosio in due molecole di glucosio;
- l'**erepsina**, che trasforma le proteine rimaste in <u>amminoacidi</u>;
10   - la **lattasi**, che scinde la molecola di lattosio in glucosio e galattosio;
- la **lipasi enterica**, che scinde i grassi non ancora scrissi in acidi grassi e glicerina.

   Nell'intestino il **chimo** ha assunto l'aspetto di un liquido lattiginoso chiamato chilo, che contiene ancora amminoacidi, glicerina, acidi grassi, glucosio, fruttosio, ecc., ossia tutti
15   i <u>principi alimentari</u> <u>ridotti</u> in sostanze assimilabili.
   Nell'intestino crasso si trova pure la **flora intestinale**, un insieme di batteri che attacca il materiale rimasto e produce vitamine preziose come la B1, la B2, la K.
   Le sostanze non assorbite vengono eliminate attraverso l'ultimo tratto dell'intestino crasso, il **retto**, che termina con l'**ano**.

duodeno
digiuno
ileo
retto
l'ano

6 L'apparato digerente

fatty acids = acidi grassi

⑰ Colpo d'occhio

In questa immagine ci sono alcuni termini anatomici che non compaiono nella lettura "L'intestino".
Quali sono? Sai che funzione svolgono?

esofago
stomaco

fegato
cistifellea

pancreas
dotto pancreato

duodeno
digiuno } *int. tenue*
ileo
cieco
colon } *intestino*
retto *grosso*
ano

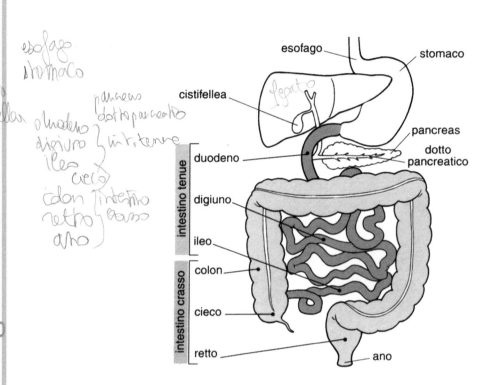

⑱ Fissare la terminologia medica

Il linguaggio medico è caratterizzato da espressioni idiomatiche formate da blocchi di parole che
assumono un significato specifico solo se presi come insieme.
Ricostruisci le espressioni tratte dalla lettura dell'esercizio 16 "L'intestino".

alimentari - enterico - grassi - intestinale - intestinali - tenue

1. intestino ___tenue___

2. ghiandole ___intestinali___

3. succo ___enterico___

4. acidi ___grassi___

5. principi ___alimentari___

6. flora ___intestinale___

19 **Cruciverba**

Fai il cruciverba.

		1			2 E					

(cruciverba grid with letters: 2=E, 4=S, 5=U, 6=F, 10=T, 8/9=H, 11=L)

ORIZZONTALI →

1. Enzima che trasforma le proteine rimaste in amminoacidi.
3. Enzima che scinde la molecola di lattosio in glucosio e galattosio.
8. Liquido lattiginoso dell'intestino che contiene amminoacidi, glicerina, acidi grassi, glucosio, fruttosio, ecc.
10. Ultima parte dell'intestino crasso.
11. Scinde i grassi non ancora scissi in acidi grassi e glicerina: ... enterica.

VERTICALI ↓

2. Le ghiandole intestinali secernono il succo ...
4. Enzima che scinde il saccarosio in fruttosio e glucosio.
5. La parte dell'intestino in cui vengono riversati gli enzimi prodotti dal fegato e dal pancreas.
6. Insieme di batteri dell'intestino: ... intestinale.
7. Enzima che scinde il maltosio in due molecole di glucosio.
9. L'intestino tenue si suddivide in: duodeno, digiuno e ...

6 L'apparato digerente

⑳ Occhio alla lingua! La formazione delle parole in *-asi*

In italiano è possibile formare parole composte aggiungendo **-asi** *(suffisso) alla parola-base per indicare gli enzimi:*

maltosio ➾ malt**asi**

a) *Ritrova nei testi "Il pancreas" dell'esercizio 5 e "L'intestino" dell'esercizio 16 le parole-base e completa la tabella.*

parola-base	enzima
1. maltosio	maltasi
2.	amilasi
3.	lipasi
4.	saccarasi
5.	lattasi

b) *Secondo te, di che tipo di terminologia fa parte questo suffisso?*

1. Della terminologia chimica. ☐

2. Della terminologia fisica. ☐

3. Della terminologia biologica. ☐

note

1: Fabris, F., Mc Cormack, J., *Scienzeoggi.it. L'uomo*, Trevisin, Milano, 2002, p. 106.

2: Fabris, F., Mc Cormack, J., *Scienzeoggi.it. L'uomo*, Trevisin, Milano, 2002, p. 106.

3: Fabris, F., Mc Cormack, J., *Scienzeoggi.it. L'uomo*, Trevisin, Milano, 2002, p. 107.

6 L'apparato digerente

L'apparato respiratorio

1 **Ipotizzare**

Prima di leggere il testo "Strutture dell'apparato respiratorio", collega le espressioni all'immagine corrispondente.

alveolo polmonare - bronchiolo - espirazione - inspirazione

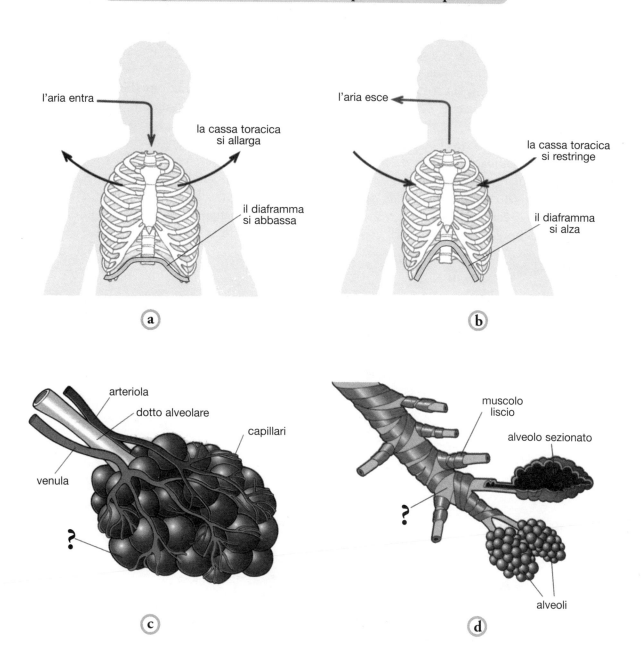

l'aria entra

la cassa toracica si allarga

il diaframma si abbassa

a

l'aria esce

la cassa toracica si restringe

il diaframma si alza

b

arteriola

dotto alveolare

capillari

venula

?

c

muscolo liscio

alveolo sezionato

?

alveoli

d

2 Leggere

Ora leggi il testo[1].

Strutture dell'apparato respiratorio

1   L'apparato respiratorio è formato dai due polmoni, dalle vie aeree, che comprendono la laringe, la trachea e i bronchi, e dai muscoli respiratori. L'aria entra attraverso la **bocca** o il **naso** poi percorre la **faringe**, oltrepassa l'**epiglottide** ed entra nella **laringe**, detta organo della fonazione per la presenza delle corde vocali. L'epiglottide chiude la laringe

5   durante la deglutizione per impedire che il cibo entri nelle vie respiratorie. L'aria scende poi nella **trachea**, che analogamente alla laringe e ai grossi **bronchi**, ha, verso l'esterno, una struttura cartilaginea di sostegno e si ramifica nei bronchi. I bronchi si ramificano più volte in tubuli microscopici, i **bronchioli**; al termine si espandono in migliaia di sacche dalle pareti sottilissime, dette alveoli.

10   Gli **alveoli** sono le cavità polmonari in cui avviene lo scambio di ossigeno e anidride carbonica tra aria e sangue. La diffusione è facilitata dal fatto che la parete di ciascun alveolo è formata da un solo strato di cellule piatte. Lo scambio di ossigeno e anidride carbonica che si verifica all'interno degli alveoli è detta **respirazione** (l'ingresso dell'aria nelle vie aeree è detto *inspirazione*; l'uscita dell'aria dai polmoni viene chiamata

15   *espirazione*).

  Gli alveoli sono circondati da reti di sottili vasi sanguigni. Il sangue che scorre in questi vasi capillari proviene da tutto il corpo e contiene rifiuti prodotti dalla respirazione cellulare e quindi ha una concentrazione elevata di anidride carbonica e bassa di ossigeno. Mentre l'anidride carbonica passa dal sangue all'aria degli alveoli, l'ossigeno

20   passa dall'aria contenuta negli alveoli al sangue. Il sangue così ossigenato lascia poi i polmoni e viene spinto dal cuore fino alle cellule di tutto il corpo.

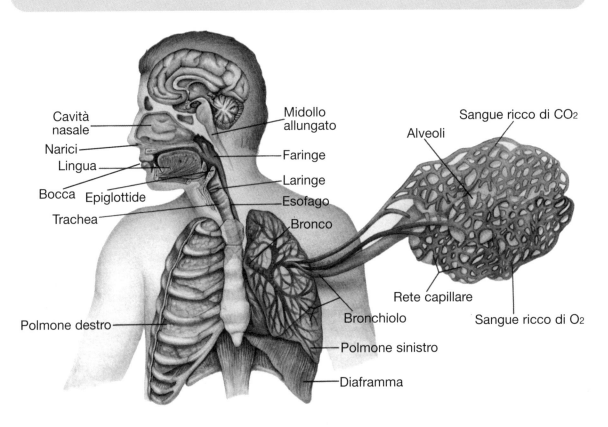

3 Schematizzare

Hai capito in generale quello che hai letto? Completa lo schema.

L'apparato respiratorio è formato da	1. *due polmoni* .... 2. vie aeree { a. *faringe* .... b. *trachea* .... c. *bronchi* .... 3. *muscoli respiratori* ....
Il percorso dell'aria	1. *bocca* .... o naso 2. faringe 3. *laringe 3 epiglottide* .... 4. *trachea* .... 5. .... 6. bronchi 7. *bronchioli alveoli* ....
Negli alveoli avviene la respirazione, cioè lo scambio di	1. .... e 2. ....
L'entrata dell'aria nelle vie respiratorie si chiama	....
L'uscita dell'aria dai polmoni si chiama	....
Il percorso del sangue ossigenato	1. polmoni 2. .... 3. ....

4 Capire

Trova e trascrivi il punto esatto del testo "Strutture dell'apparato respiratorio" in cui si parla di quello che l'immagine rappresenta.

1. ....

....

2. ....

....

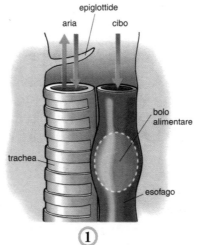

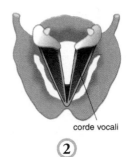

5 Qual è l'intruso?

In ogni gruppo di parole c'è un intruso. Qual è?

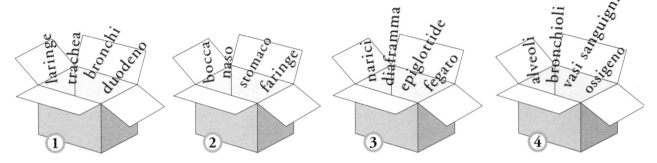

1. faringe trachea bronchi duodeno
2. bocca naso stomaco faringe
3. narici diaframma epiglottide fegato
4. alveoli bronchioli vasi sanguigni ossigeno

6 Memorizzare

Osserva per un minuto l'immagine di pag. 44 dell'esercizio 2. Poi, senza guardare, scrivi i nomi delle parti anatomiche che ricordi.

1.	11. ....
2.	12. ....
3.	13. ....
4.	14. ....
5.	15. ....
6.	16. ....
7.	17. ....
8.	18. ....
9.	19. ....
10.	

Ora guarda la soluzione a pag. 44 e calcola le risposte giuste. Se hai totalizzato meno di 14/19 rivedi l'esercizio e prova a rifarlo fra qualche giorno. Scrivi tutti e due i risultati.

Primo totale: _____ /19   **Secondo totale:** _____ /19

7 Fissare la terminologia medica

Scrivi per ogni termine l'articolo giusto, come nell'esempio.

1. *la* faringe
2. ___ laringe
3. ___ trachea
4. ___ lingua
5. ___ diaframma

6. ___ narici
7. ___ bronchi
8. ___ polmoni
9. ___ alveoli
10. ___ bocca

11. ___ esofago
12. ___ epiglottide
13. ___ alveoli
14. ___ bronchiolo
15. ___ cavità nasale

L'apparato respiratorio

7

8 Cruciverba

Fai il cruciverba.

[Cruciverba grid with numbered cells 1–18, containing pre-filled letters H, R, P]

ORIZZONTALI →

1. Entra nella bocca o nel naso quando respiriamo.

3. Dopo essere passata nella laringe l'aria entra nella ...

8. La trachea si ramifica nei ...

11. I buchi del naso da cui entra l'aria: NAR _ _ _

12. Microscopiche sacche dalle pareti sottilissime: ALVE _ _ _

13. L'uscita dell'aria dai polmoni si chiama _ _ PIRAZIONE.

14. Sono formate da laringe, trachea e bronchi: ... aeree.

15. Il numero dei bronchi e dei polmoni.

16. Alta.

17. Il sangue ... nei vasi capillari.

18. Nell'apparato respiratorio ce ne sono due.

VERTICALI ↓

2. Così si chiama lo scambio di ossigeno e anidride carbonica negli alveoli: _ _ SPIRAZIONE.

3. Piccolissimo tubo, tubicino.

4. È carbonica.

5. Sangue ricco di ossigeno.

6. Le vie aeree comprendono la trachea, i bronchi e la ...

7. L'aria inspirata dal naso o dalla bocca passa nella ...

9. O2 è la formula chimica dell'...

10. La formula chimica dell'anidride carbonica.

14. Gli alveoli sono circondati dai ... sanguigni.

7 **L'apparato respiratorio**

9 Ipotizzare

Leggi le definizioni e decidi quali di queste malattie sono tipiche dell'apparato respiratorio.
Rispondi con una X.

☐ **enfisema** *s. m.* [pl. - mi] (*med.*) infiltrazione di gas, generalmente aria, nella compagine di un organo o di un tessuto: *enfisema sottocutaneo* | *enfisema polmonare*, ...

☐ **bronchite** *s. f.* (med.) infiammazione della mucosa dei bronchi: bronchite cronica, acuta.

☐ **asma** *s. f.* e, non com., *m.* [non usato al *pl.*] (*med.*) forma patologica caratterizzata da spasmi bronchiali che causano difficoltà intensa del respiro: *asma...*

☐ **otite** *s. f.* (*med.*) infiammazione dell'orecchio medio.

☐ **tosse** *s. f.* espirazione forzata e rumorosa, che ha lo scopo di espellere catarro o corpi estranei dalle vie respiratorie: *un colpo di tosse* la condizione patologica caratterizzata da frequenti colpi di tosse: *avere la tosse* | *tosse convulsiva, canina, asinina*, nomi popolari della *pertosse*. DIM. *tossetta, tosserella, tossettina, tosserellina* PEGG. *tossaccia.*

10 Diagnosticare

Riordina la conversazione, utilizzando le battute del paziente e del medico. La prima è la n° 3.

medico	paziente
1. Va bene, se non può cambiare mestiere, provi a prendere queste medicine.	7. Circa un mese fa quando ho cambiato lavoro e ho cominciato a lavorare come panettiere in una panetteria.
2. Quando sono cominciati questi disturbi?	8. Buongiorno Dottore.
3. Buongiorno, si accomodi, prego.	9. Faccio fatica a respirare e ho la tosse, una tosse che non smette mai e che non mi fa dormire la notte.
4. Respirava bene prima?	10. Sì, e infatti ho notato che poco dopo l'inizio del lavoro, appena inizio a lavorare con la farina, comincio a tossire, a respirare male...
5. Mi dica, cosa si sente?	11. Sì, non ho mai avuto problemi.
6. Durante il suo lavoro, viene a contatto con la farina?	12. Va bene, grazie.

n° *3*, n° _, n° _, n° _, n° _, n° _, n° _, n° _, n° _, n° _, n° _, n° _.

Di cosa soffre il paziente? Riguarda l'esercizio 9 e scrivi il nome della malattia.

Il paziente soffre di: _____

11 Leggere

Leggi il testo².

L'asma bronchiale

1 | Una delle malattie più diffuse che colpiscono l'apparato respiratorio è l'**asma bronchiale**. Ne è affetta dal 2% al 5% della popolazione italiana.

L'asma consiste in un restringimento reversibile dei bronchi e delle loro ramificazioni (i bronchioli) che causa difficoltà di respirazione (soprattutto nella fase di espirazione).

5 | Questo per il paziente significa soprattutto mancanza di respiro ma anche tosse, difficoltà a far fuoriuscire il catarro o il muco che si forma nei bronchi, respiro sibilante o fischiante. Le cause dell'asma bronchiale sono numerose e non tutte ancora note. A una predisposizione congenita si possono affiancare fattori esterni irritanti (per esempio polveri, fumo, ecc.) e fattori che scatenano allergie, come i pollini, gli acari della polvere, i

10 | peli di gatto e di cane, molte sostanze chimiche (deodoranti, vernici).

La prevenzione e la cura dell'asma si basano, ovviamente, sull'igiene dell'ambiente di lavoro, della casa, sull'identificazione degli eventuali fattori che scatenano le allergie, sull'eliminazione di abitudini nocive come il fumo.

Per lo specialista la diagnosi d'asma comporta concordanza di molti elementi poiché

15 | esistono anche altre malattie che possono causare gli stessi sintomi, come ad esempio lo scompenso cardiaco, l'enfisema e la bronchite.

12 Prendere appunti

Rileggi velocemente il testo e completa la tabella.

nome della malattia	
organi colpiti dalla malattia	
sintomi	
cause	
prevenzione	

13 **Capire**

Vero o falso? Rispondi con una X.

	vero	falso
1. L'asma colpisce tutto l'apparato respiratorio.	☐	☐
2. Chi soffre di asma ha difficoltà a respirare.	☐	☐
3. Il paziente asmatico non riesce a far uscire il muco che si forma nei bronchi.	☐	☐
4. Diagnosticare l'asma è facile perché non ci sono altre malattie con sintomi simili.	☐	☐
5. La bronchite ha sintomi simili all'asma.	☐	☐

14 **Comprendere la terminologia medica**

Ritrova nel testo "L'asma bronchiale", le espressioni che corrispondono al significato tratto dal dizionario[3] e trascrivile al posto giusto nella prima colonna. Poi scrivi nell'ultima colonna una tua definizione dell'espressione o una traduzione nella tua lingua.

espressione del testo	definizione del dizionario	significato o traduzione
1.	*s.f.* (*med.*) espirazione forzata e rumorosa, che ha lo scopo di buttar fuori catarro o corpi estranei dalle vie respiratorie.	
2.	sostanza prodotta dalle mucose in seguito a fenomeni infiammatori.	
3.	*s. m.* [pl. *-chi*] liquido denso e viscoso secreto dalle ghiandole e dalle cellule mucipare allo scopo di proteggere le mucose.	
4.	*s. f.* (*med.*) particolare tendenza, inclinazione a contrarre determinate malattie.	
5.	*agg.* che irrita,	che provoca infiammazione.	
6.	(*med.*) ipersensibilità di un organismo verso determinate sostanze, che si manifesta con reazioni patologiche.	
7.	*s. m. pl.* (*zool.*) piccoli animali parassiti di uomini, animali e piante.	

L'apparato respiratorio **7**

⑮ Occhio alla lingua! I suffissi *-olo* o *-ulo*

Osserva queste parole tratte dagli esercizi.

alve**olo** bronchi**olo** tub**ulo**

*Secondo te che significa il suffisso **-olo** o **-ulo**?*

1. Micro- mini-, piccolissimo. ☐
2. Corto. ☐
3. Stretto. ☐

⑯ Fissare la terminologia medica

Completa il testo con le espressioni della lista.

affetta - allergie - allergie - bronchi - bronchi - bronchioli - cura - diagnosi - espirazione - irritanti - muco - predisposizione - respiratorio - sintomi

Una delle malattie più diffuse che colpiscono l'apparato _____ è l'asma bronchiale.
Ne è _____ dal 2% al 5% della popolazione italiana.
L'asma consiste in un restringimento reversibile dei _____ e delle loro ramificazioni (i _____) che causa difficoltà di respirazione (soprattutto nella fase di _____). Questo per il paziente significa soprattutto mancanza di respiro ma anche tosse, difficoltà a far fuoriuscire il catarro o il _____ che si forma nei _____, respiro sibilante o fischiante.
Le cause dell'asma bronchiale sono numerose e non tutte ancora note. A una _____ congenita si possono affiancare fattori esterni _____ (per esempio polveri, fumo, ecc.) e fattori che scatenano _____ , come i pollini, gli acari della polvere, i peli di gatto e di cane, molto sostanza chimiche (deodoranti, vernici).
La prevenzione e la _____ dell'asma si basano, ovviamente, sull'igiene dell'ambiente di lavoro, della casa, sull'identificazione degli eventuali fattori che scatenano le _____ , sull'eliminazione di abitudini nocive come il fumo.
Per lo specialista la _____ d'asma comporta concordanza di molti elementi poiché esistono anche altre malattie che possono causare gli stessi _____ , come ad esempio lo scompenso cardiaco, l'enfisema e la bronchite.

---

note

1: AA.VV. *Biologia. Dinamica della vita*, Zanichelli, Bologna, 1994, p. 362-3.

2: http://divulgativo.pneumonet.it/educazionale/asma.
3: www.garzantilinguistica.it/digita/digita.html.

7 L'apparato respiratorio

Il sistema muscolare

1 **Leggere**

Leggi questo testo.

I muscoli

1 | I muscoli, a seconda del tipo di movimento, si chiamano:

- **flessori** o **adduttori**, se permettono l'avvicinamento di due ossa (in particolare, il muscolo flessore serve a fare una **flessione**, cioè un movimento di avvicinamento
5 | di due ossa e di piegamento, il muscolo adduttore serve a fare un'**adduzione**, cioè un movimento di avvicinamento di due ossa ma senza piegamento);
- **estensori** o **abduttori**, se permettono l'allontanamento di due ossa (in particolare, il muscolo estensore serve a fare un'**estensione**, cioè un movimento di allontanamento di due ossa e di piegamento, il muscolo abduttore serve a fare
10 | un'**abduzione**, cioè un movimento di allontanamento di due ossa ma senza piegamento);
- **rotatori**, se consentono la rotazione.

2 **Capire**

Inserisci sotto ogni disegno il nome del movimento rappresentato.

abduzione - adduzione - estensione - flessione - rotazione

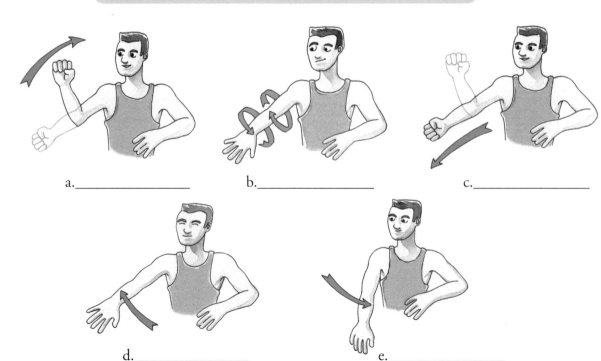

a._____   b._____   c._____

d._____   e._____

③ Ipotizzare

Guarda le due immagini e scrivi quale rappresenta i muscoli anteriori e quale i muscoli posteriori.

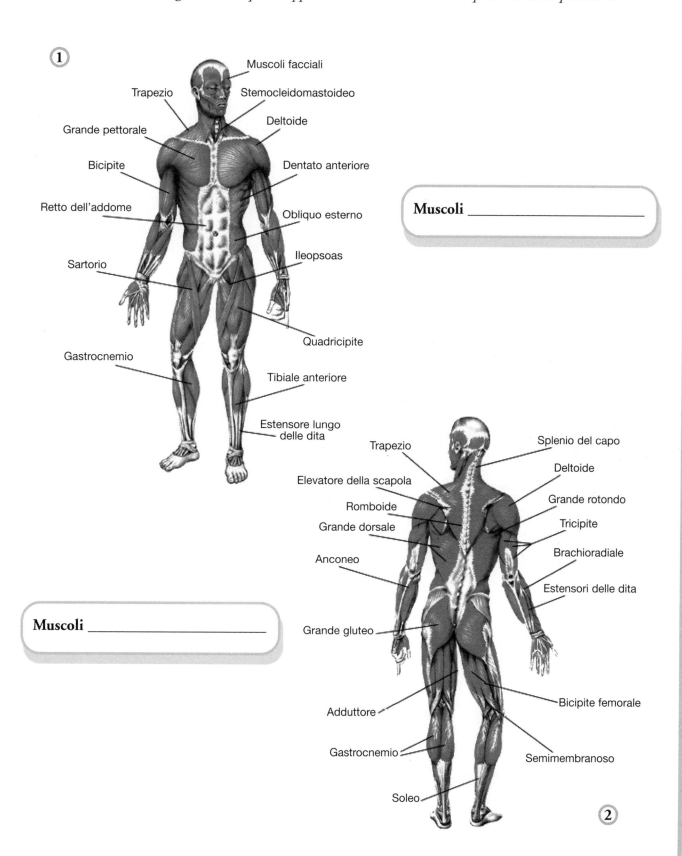

①

- Muscoli facciali
- Trapezio
- Stemocleidomastoideo
- Grande pettorale
- Deltoide
- Bicipite
- Dentato anteriore
- Retto dell'addome
- Obliquo esterno
- Sartorio
- Ileopsoas
- Quadricipite
- Gastrocnemio
- Tibiale anteriore
- Estensore lungo delle dita

Muscoli _____

②

- Trapezio
- Splenio del capo
- Elevatore della scapola
- Deltoide
- Romboide
- Grande rotondo
- Grande dorsale
- Tricipite
- Anconeo
- Brachioradiale
- Estensori delle dita
- Grande gluteo
- Bicipite femorale
- Adduttore
- Gastrocnemio
- Semimembranoso
- Soleo

Muscoli _____

4 Chi è l'intruso?
In ogni gruppo di parole c'è un intruso. Qual è?

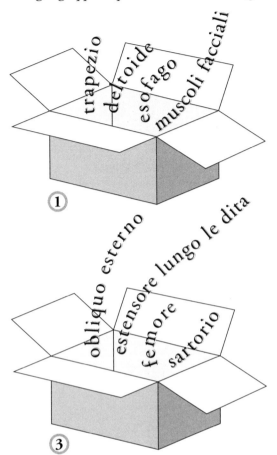

trapezio
deltoide
esofago
muscoli facciali

(1)

ileopsoas
retto dell'addome
dentato anteriore
colon

(2)

obliquo esterno
estensore lungo le dita
femore
sartorio

(3)

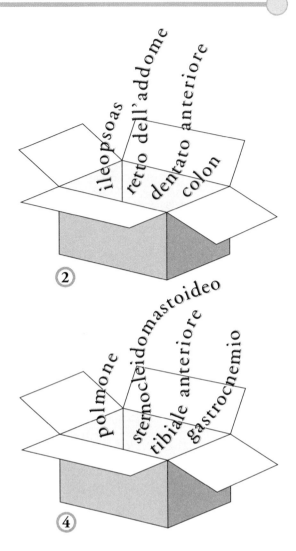

polmone
sternocleidomastoideo
tibiale anteriore
gastrocnemio

(4)

5 Anagramma
Risolvi gli anagrammi.

1. CITEPIDRIAUQ   ⇨   _ _ _ _ _ _ _ _ _ _ _

2. RISARTOO   ⇨   _ _ _ _ _ _ _

3. CIPIETIB   ⇨   _ _ _ _ _ _ _

4. EELTOIDD   ⇨   _ _ _ _ _ _ _

5. RTPZAEIO   ⇨   _ _ _ _ _ _ _

6 Indovinare
Indovina le parole nascoste, come nell'esempio.

1. S _ L _ O   ⇨   **S O L E O**

2. T _ I _ _ P I _ E   ⇨   _ _ _ _ _ _ _ _ _ _

3. A _ _ U _ T O _ E   ⇨   _ _ _ _ _ _ _ _ _

4. R O _ _ O I D _   ⇨   _ _ _ _ _ _ _

7 Colpo d'occhio

*Guarda l'immagine 1 dell'esercizio 3 per
2 minuti. Poi guarda l'immagine qui sotto.
Ci sono 6 muscoli scritti nel posto sbagliato.
Quali sono?*

Muscoli facciali

Bicipite

Sternocleidomastoideo

Dentato anteriore

Grande pettorale

Trapezio

Deltoide

Tibiale anteriore

Obliquo esterno

Ileopsoas

Sartorio

Quadricipite

Gastrocnemio

Retto dell'addome

Estensore lungo
delle dita

8 Memorizzare

*Osserva per un minuto l'immagine 2 dell'esercizio 3. Poi, senza guardare, scrivi qui sotto i nomi delle
parti anatomiche che ricordi.*

1.	10. ....
2.	11. ....
3.	12. ....
4.	13. ....
5.	14. ....
6.	15. ....
7.	16. ....
8.	17. ....
9.	

*Ora guarda la soluzione a pag. 53 e calcola le risposte giuste. Se hai totalizzato meno di 12/17 rivedi
l'esercizio e prova a rifarlo fra qualche giorno. Scrivi tutti e due i risultati.*

Primo totale: _____ /17   **Secondo totale:** _____ /17

Il sistema muscolare

8

9 Terminologia medica

Prima di leggere il testo "I traumi muscolari", rifletti sul significato di queste espressioni che ti aiuteranno a capire meglio la lettura.

espressione del testo	significato
1. muscolatura	insieme di tutti i muscoli
2. traumi	lesioni determinate da cause violente
3. repentini	improvvisi
4. urti	colpi secchi e improvvisi, spesso involontari
5. irrorazione sanguigna	scorrimento, passaggio del sangue
6. brusco	improvviso
7. lesione dei legamenti	rottura dei tessuti che tengono unita un'articolazione
8. gonfiori	ingrossamenti, aumenti patologici del volume di un organo

10 Leggere

Ora leggi il testo[1]. Le parole <u>sottolineate</u> sono quelle che hai visto nell'esercizio precedente.

I traumi muscolari

1   Anche se esiste una vasta casistica di malattie che colpiscono i muscoli, le cause più frequenti delle patologie che riguardano la <u>muscolatura</u> sono i <u>traumi</u>.
Nel sistema muscolare, sforzi eccessivi o troppo <u>repentini</u> oppure <u>urti</u> contro corpi solidi possono provocare crampi, strappi, stiramenti o contusioni.

5   I **crampi** sono contrazioni muscolari involontarie e intense, piuttosto dolorose, causate da insufficiente <u>irrorazione sanguigna</u> del muscolo, spesso a causa di uno sforzo troppo protratto nel tempo. Gli **strappi** sono costituiti dalla rottura di un certo numero di fibre del muscolo, a causa di uno sforzo eccessivo o di un movimento <u>brusco</u>. Mentre non è raro per una persona che pratica sport incorrere in uno **stiramento**, cioè una <u>lesione dei</u>

10   <u>legamenti</u> dovuta all'allontanamento delle estremità di un'articolazione. Infine le **contusioni** sono <u>gonfiori</u> dolorosi dovuti a versamento di sangue, causati in genere da un urto violento.

11 Comprendere la terminologia medica

Collega i termini alle immagini corrispondenti.

contusione - crampo - stiramento - strappo muscolare

① ② ③ ④

12 Ipotizzare

Guarda l'immagine e rispondi alle domande.

a) Che cosa rappresenta questa immagine?

La rotazione di un muscolo. ☐

La contrazione di un muscolo. ☐

L'abduzione di un muscolo. ☐

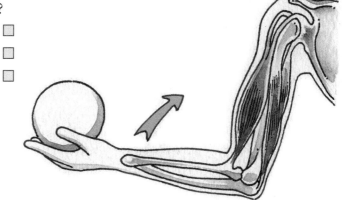

b) Secondo te che trauma muscolare può associarsi a questa immagine?

La contusione. ☐

La rottura. ☐

Il crampo. ☐

⑬ Fissare la terminologia medica

Completa il testo con le espressioni della lista.

> **brusco - crampi - contusioni - gonfiori - irrorazione sanguigna -**
> **lesione - muscolatura - strappi - stiramento - traumi - urti**

Anche se esiste una vasta casistica di malattie che colpiscono i muscoli, le cause più frequenti delle patologie che riguardano la _____ sono i _____.

Nel sistema muscolare, sforzi eccessivi o troppo repentini oppure _____ contro corpi solidi possono provocare crampi, strappi, stiramenti o contusioni.

I _____ sono contrazioni muscolari involontarie e intense, piuttosto dolorose, causate da insufficiente _____ del muscolo, spesso a causa di uno sforzo troppo protratto nel tempo.

Gli _____ sono costituiti dalla rottura di un certo numero di fibre del muscolo, a causa di uno sforzo eccessivo o di un movimento _____. Mentre non è raro per una persona che pratica sport incorrere in uno _____, cioè una _____ dei legamenti dovuta all'allontanamento delle estremità di una articolazione. Infine le _____ sono _____ dolorosi dovuti a versamento di sangue, causati in genere da un urto violento.

⑭ Diagnosticare

Riordina la conversazione, utilizzando le battute del medico e del paziente.

a. Bene, grazie.

b. Buonasera Dottore.

c. No, stavo correndo quando improvvisamente ho sentito un dolore fortissimo al muscolo della gamba, mi sono dovuto fermare e sono tornato a casa zoppicando.

d. No, non sapevo cosa prendere.

e. Mi dica.

f. Era da molto che correva?

g. Beh, da circa due ore, sa, mi devo allenare per una maratona che ho domenica.

h. Buonasera, si accomodi, prego.

i. Cosa è successo, è caduto?

l. Uhm, capisco. Ha preso qualche medicina?

m. Ha delle controindicazioni?

n. Di niente, buona giornata.

o. Guardi, non credo sia nulla di grave. Le consiglio di stare a riposo per qualche giorno e di prendere questa pomata.

q. Dottore, mi fa male quando fletto o estendo la gamba.

p. No, stia tranquillo, nessuna controindicazione.

Di che cosa soffre il paziente?

Il paziente soffre di: _____

⑮ Occhio alla lingua! La formazione delle parole in *-sione*

*In italiano è possibile formare un sostantivo da un verbo aggiungendo **-sione** (suffisso) alla parola-base.*

a) Ritrova nei testi "I muscoli" e "I traumi muscolari" i sostantivi relativi a questi verbi e completa la tabella.

verbo	sostantivo
estendere	*estensione*
flettere	
contundere	
ledere	

*b) Secondo te, il suffisso **-sione** indica:*

1. l'effetto o il risultato di un'azione
   (ad es. esten**sione** è il risultato di estendere). ☐
2. la persona che fa l'azione. ☐
3. una caratteristica dell'azione. ☐

note

1: *Elementi di Biologia*, Bovolenta Editore, Ferrara, 2001, p. B/87.

Il sistema scheletrico

1 **Ipotizzare**

Quali sono ossa dello scheletro e quali no?

	è un osso dello scheletro	non è un osso dello scheletro
1. La tibia.	☐	☐
2. Il fegato.	☐	☐
3. Il cranio.	☐	☐
4. La vertebra.	☐	☐
5. Il deltoide.	☐	☐
6. Lo sterno.	☐	☐
7. Il bicipite.	☐	☐
8. L'omero.	☐	☐
9. L'addome.	☐	☐
10. La scapola.	☐	☐
11. Il femore.	☐	☐

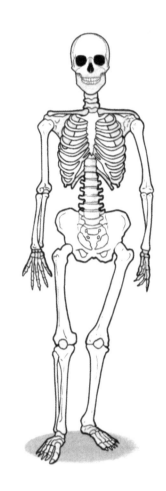

2 **Terminologia medica**

Prima di leggere il testo "Lo scheletro", rifletti sul significato di queste espressioni che ti aiuteranno a capire meglio la lettura.

espressione del testo	significato
1. impalcatura	struttura
2. involucro protettivo	protezione, rivestimento esterno che avvolge un organo e lo protegge
3. foro	piccolo buco

③ Leggere

Ora leggi il testo[1]. Le parole <u>sottolineate</u> sono quelle che hai visto nell'esercizio precedente.

Lo scheletro

1 | Lo scheletro è formato da 206 ossa ed è distinto in **scheletro assile** e **scheletro degli arti**. Lo scheletro assile costituisce l'<u>impalcatura</u> del corpo e comprende la

5 | **testa** (cranio e faccia), la colonna vertebrale, le costole e lo sterno, il cinto scapolare, il cinto pelvico.

Il **cranio** è formato dalle ossa che costituiscono l'<u>involucro protettivo</u>

10 | dell'encefalo, mentre la **faccia** comprende **mascella**, **mandibola** e altre ossa minori.

La **colonna vertebrale** è l'asse del corpo, un sostegno resistente e flessibile,

15 | formato da **34 vertebre** articolate tra loro. Le vertebre hanno al centro un <u>foro</u>: i fori sovrapposti di tutte le vertebre della colonna vertebrale originano il **canale vertebrale**, che

20 | ospita il midollo spinale.

Lo **sterno** è un osso piatto posto nella parte anteriore del corpo, a cui si collegano le 12 paia di **costole**. Con una estremità le costole si inseriscono nella

25 | colonna vertebrale, mentre con l'altra estremità si collegano allo sterno. Colonna vertebrale, sterno e costole formano la gabbia toracica, che protegge i polmoni e il cuore.

Alle vertebre si collegano indirettamente anche il cinto scapolare - che comprende **clavicola** e **scapola** - e il cinto pelvico - che comprende le ossa del **bacino** (**ileo**,

30 | **ischio** e **pube**).

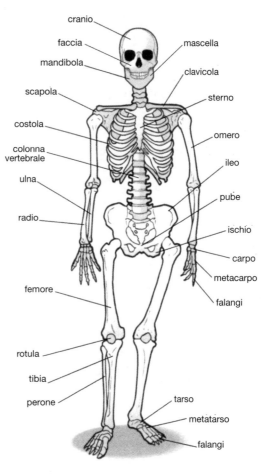

Il sistema scheletrico

9

4 **Capire**

Rispondi alle domande.

1. Da che cosa è formato lo scheletro?
2. Da che cosa è formata la testa?
3. Che cosa comprende la faccia?
4. Che cosa formano le 34 vertebre?
5. Dov'è contenuto il midollo spinale?
6. A che cosa si collegano le costole?
7. Da che cosa è formato il cinto scapolare?
8. Da che cosa è formato il bacino?

5 **Comprendere la terminologia medica**

Trova e trascrivi il punto esatto del testo in cui si parla dell'immagine.

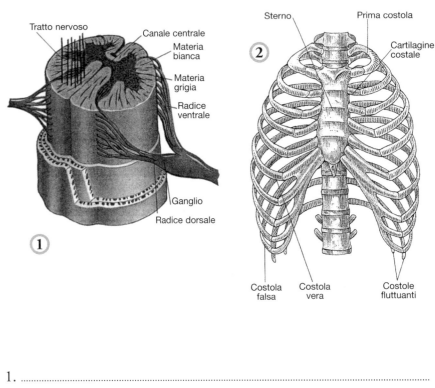

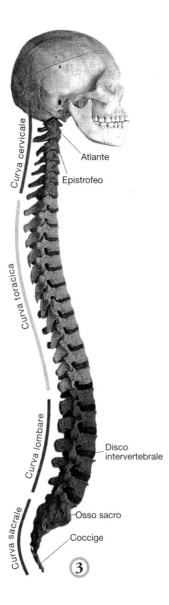

1. ....

2. ....

3. ....

6 Fissare la terminologia medica

Osserva per un minuto l'immagine dello scheletro di pag. 61. Poi, senza guardare, completa l'immagine qui sotto con i nomi della lista.

> **carpo - clavicola - colonna vertebrale - costola - cranio - faccia - falangi - femore - ileo - ischio - mandibola - mascella - metatarso - pube - radio - rotula - sterno - scapola - tarso - tibia**

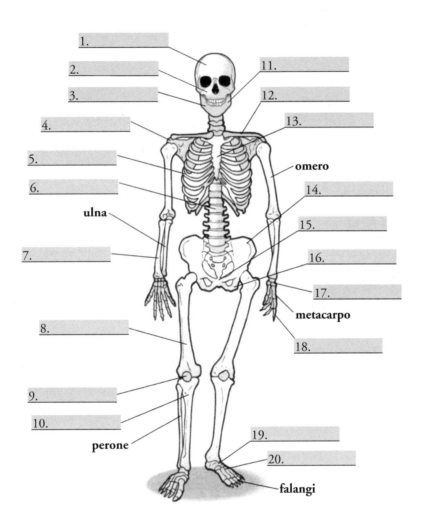

1.
2.
3.
4.
5.
6.
7.
8.
9.
10.
11.
12.
13.
14.
15.
16.
17.
18.
19.
20.

omero
ulna
metacarpo
perone
falangi

Ora guarda la soluzione a pag. 61 e calcola le risposte giuste. Se hai totalizzato meno di 16/20 rivedi l'esercizio e prova a rifarlo fra qualche giorno. Scrivi tutti e due i risultati.

Primo totale: _____ /20   **Secondo totale:** _____ /20

9 Il sistema scheletrico

7 Terminologia medica

Prima di leggere il testo "I traumi ossei", rifletti sul significato di queste espressioni che ti aiuteranno a capire meglio la lettura.

espressione del testo	significato
1. articolazioni	mezzi di unione fra due ossa
2. disarticolate	staccate, allontanate fra di loro
3. ricomposta	rimessa a posto, rimessa insieme
4. tronconi	parti

8 Leggere

Ora leggi il testo². Le parole <u>sottolineate</u> sono quelle che hai visto nell'esercizio precedente.

I traumi ossei

1   I traumi ossei più frequenti sono le lussazioni e le fratture.
In una **lussazione** le superfici di contatto delle <u>articolazioni</u> si allontanano fra loro con dolore intenso e posizione innaturale delle ossa <u>disarticolate</u>. Una lussazione deve essere <u>ricomposta</u> il prima possibile per evitare danni successivi.

5   Una **frattura** è la rottura di un osso. In una frattura chiusa i due <u>tronconi</u> dell'osso non escono dalla pelle, in una frattura esposta, le ossa escono dalla pelle e si verificano emorragia e possibilità di infezione. Non è sempre facile diagnosticare una frattura, per questo motivo è opportuno andare il prima possibile in ospedale, dove una radiografia può consentire una diagnosi sicura e tempestiva.

10   Un trauma molto frequente negli incidenti automobilistici è il cosiddetto "**colpo della frusta**", dovuto al brusco movimento del capo, indietro e avanti, susseguente a un tamponamento.
Il colpo di frusta provoca lesioni di varia gravità alle vertebre del collo.

9 Capire

Cosa rappresentano i tre disegni? Scegli la definizione giusta.

trauma da "colpo della frusta" - frattura - lussazione

①   ②   ③

Il sistema scheletrico

9

10 Comprendere la terminologia medica

Collega le espressioni con il significato corretto, come nell'esempio.

riga n.	espressione del testo	significato
1	**1. traumi**	a. rottura di un osso
1	2. ossei	b. forte
2	3. lussazione	**c. lesioni dovute a cause violente**
3	4. intenso	d. trauma che colpisce le vertebre del collo
5	5. frattura	e. stato morboso causato da germi infettivi
7	6. emorragia	f. fatta al momento giusto
7	7. infezione	g. lastra, esame medico fatto con i raggi X
8	8. radiografia	h. definizione di una malattia attraverso i segni, i sintomi, gli esami di laboratorio e strumentali
9	9. diagnosi	i. allontanamento di due articolazioni senza rottura dell'osso
9	10. tempestiva	l. perdita di sangue
10-11	11. colpo della frusta	m. relativi alle ossa

11 Cruciverba

Fai il cruciverba.

ORIZZONTALI →

1. Formano la colonna vertebrale.
5. È formata da cranio e faccia.
7. Comprende mascella, mandibola e altre ossa minori.
8. Ileo, ischio e pube formano il ...
9. Allontanamento di due articolazioni tra loro, senza rottura dell'osso: LUSS_ _ _ _ _ _

VERTICALI ↓

2. Colonna vertebrale, sterno e costole formano la cassa ...
3. La rottura di un osso.
4. Un osso della gamba: TI _ _ _
5. Le lussazioni e le fratture sono ... ossei.
6. Osso piatto a cui si collegano le 12 paia di costole.
7. Un trauma molto frequente negli incidenti automobilistici: "colpo della ..."

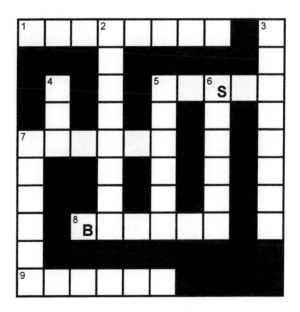

note

1: AA.VV., *Elementi di Biologia*, Bovolenta Editore, Ferrara, 2001, p. B/84.

2: AA.VV., *Elementi di Biologia*, Bovolenta Editore, Ferrara, 2001, p. B/87.

9 Il sistema scheletrico

Il sistema endocrino

1 **Ipotizzare**

Associa le descrizioni alle immagini.

1. La ghiandola esocrina riversa il suo secreto all'esterno o nell'apparato digerente.
2. La ghiandola endocrina riversa il suo secreto nel sangue.

a

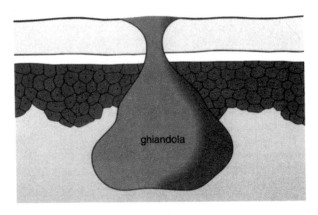

ghiandola

b

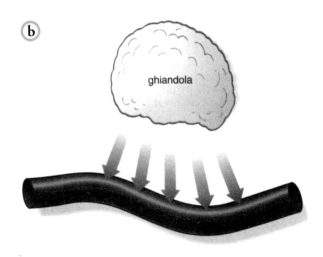

ghiandola

2 Comprendere la terminologia medica

*Segui le indicazioni e scrivi i termini in **grassetto** al posto giusto nel disegno, come nell'esempio.*

Le principali ghiandole endocrine sono:

- l'**ipofisi**, situata sotto il cervello;
- la **tiroide**, situata nel collo, davanti alla trachea;
- le **paratiroidi**, che sono 4 e sono dietro la tiroide;
- il **timo**, che è nel torace, dietro lo sterno;
- le **isole di Langerhans**, che sono nel pancreas;
- le **surrenali**, situate sopra i reni;
- le **gonadi**, che si trovano all'interno dell'addome nella femmina e si chiamano **ovaie**, mentre sono sotto l'addome nel maschio, nello scroto, e si chiamano **testicoli**.

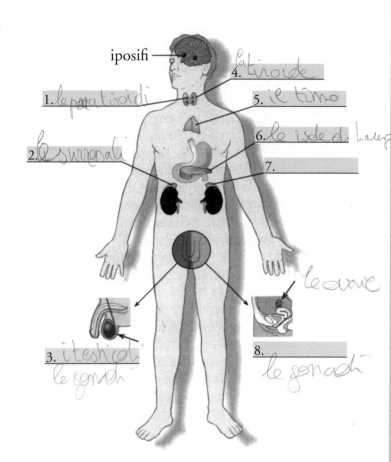

iposifi
4. la tiroide
1. le paratiroidi
5. il timo
6. le isole di Langerhans
2. le surrenali
7.
3. i testicoli / le gonadi
8. le gonadi / le ovaie

3 Ipotizzare

Leggi le definizioni e decidi quali di queste malattie sono tipiche dell'apparato endocrino. Rispondi con una X.

ipertiroidismo
eccessiva attività della ghiandola tiroide.

diabete
malattia del ricambio dovuta a insufficiente secrezione di insulina; è caratterizzata dall'aumento di zucchero nel sangue.

ipotiroidismo
sindrome causata da insufficiente funzionamento della tiroide.

otite
infiammazione dell'orecchio.

10 Il sistema endocrino

4 Leggere

Leggi il testo[1].

Le ghiandole endocrine

1 **L'ipofisi** è la principale ghiandola endocrina perché agisce su tutto il corpo e sulle altre ghiandole, regolandone l'attività. L'ipofisi secerne, inoltre, un ormone che regola e controlla l'*accrescimento corporeo* (detto perciò ormone della crescita), l'ormone che controlla l'*escrezione dell'acqua* da parte dei reni, e, ancora, l'ormone che stimola lo
5 sviluppo delle *ghiandole sessuali*.

La **tiroide** produce un ormone, la **tiroxina**, che controlla numerose funzioni: regola in particolare il ricambio energetico, lo sviluppo delle ossa, il metabolismo della pelle e l'attività delle cellule nervose. Seri disturbi possono comparire in seguito ad una grave carenza di *iodio*, elemento che è indispensabile alla tiroide per sintetizzare il suo ormone.
10 Un altro ormone prodotto dalla tiroide è la **calcitonina**, che favorisce la fissazione del calcio nel tessuto osseo.

Le **paratiroidi** sono quattro piccole ghiandole situate dietro alla tiroide e producono un ormone, il **paratormone**, che regola il metabolismo del *calcio*. Questo elemento riveste un ruolo importante nella conservazione della struttura delle ossa, nella conduzione
15 nervosa, nella coagulazione del sangue.

Il **timo** viene anche chiamato *ghiandola della giovinezza*, in quanto superati i 14-15 anni di età, viene riassorbito e cessa la sua attività. Il timo svolge soprattutto funzione immunitaria, in particolare nella maturazione dei linfociti T, per la difesa contro le infezioni. Produce gli ormoni **timosina** e **timoserina**.
20 Le **isole di Lagerhans** sono costituite da piccoli gruppi di cellule che secernono due ormoni, l'**insulina** e il **glucagone**, indispensabili per la regolazione del tasso di glucosio nel sangue. La scarsa o assente funzionalità delle ghiandole causa il **diabete**. L'individuo affetto da diabete non riesce a utilizzare né il glucosio proveniente dall'alimentazione, né quello immagazzinato come riserva sotto forma di glicogeno nel fegato.
25 Le **ghiandole surrenali** sono costituite da una zona corticale esterna e da una midollare interna.

La **zona corticale esterna** produce l'**aldosterone**, che regola l'equilibrio salino e interviene nel controllo dell'escrezione dell'acqua, e il **cortisone**, che ha un'azione antinfiammatoria e di regolazione del metabolismo.
30 La **zona midollare interna** secerne l'**adrenalina** e la **noradrenalina**, due neurotrasmettitori delle sinapsi che intervengono nelle situazioni di emergenza o di stress, provocando un aumento della frequenza cardiaca.

Le **gonadi** sono ghiandole sessuali che si chiamano **testicoli** nel maschio e **ovaie** nella femmina. Oltre che nella produzione dei gameti, le gonadi sono attive anche nella
35 secrezione degli ormoni che determinano i caratteri sessuali.

5 Schematizzare

Hai capito in generale quello che hai letto? Completa lo schema.

Sistema endocrino		
ghiandola	**ormoni prodotti**	**funzione degli ormoni prodotti**
ipofisi	*ormone della crescita* ⮡ *ormone di controllo della secrezione dell'acqua* ⮡ *ormone dello sviluppo delle ghiandole sessuali* ⮡	*stimola l'accrescimento corporeo* *controlla l'escrezione liquida dei reni*
tiroide		
	paratormone ⮡	
		stimola la maturazione dei linfociti T per la difesa contro le infezioni
isole di Langerhans		
zona corticale esterna	*aldosterone* ⮡	
	adrenalina ⮡	
gonadi	*testosterone* ⮡	

6 Comprendere la terminologia medica

Ritrova nel testo "Le ghiandole endocrine", le espressioni che corrispondono al significato tratto e adattato dal dizionario e trascrivile al posto giusto nella prima colonna, come nell'esempio. Poi scrivi nell'ultima colonna una tua definizione dell'espressione o una traduzione nella tua lingua.

espressione del testo	definizione del dizionario	significato o traduzione
1. *ghiandola*	organo che elabora determinate sostanze a varia attività prelevando gli elementi del sangue.	
2.	v. *tr.* [pres. *io secèrno ecc.*; part. pass. *secrèto*; ma è usato quasi solo nelle terze pers. dei tempi semplici] (*biol.*) elaborare ed emettere particolari sostanze: *il fegato secerne la bile*; *certi alberi secernono la resina*. SIN. produrre.	
3.	prodotto di ghiandole a secrezione interna che attraverso il circolo sanguigno raggiunge uno specifico tessuto, o organo regolandone l'attività fisiologica.	
4.	eliminazione.	
5.	ricambio energetico.	
6.	mediatore chimico della trasmissione nervosa in corrispondenza delle sinapsi.	
7.	collegamento fra due fibre nervose, che assicura la trasmissione dell'impulso nervoso.	
8.	ciascuna delle cellule sessuali maschili o femminili in grado di riprodursi e dar vita ad un nuovo organismo.	

7 Comprendere la terminologia medica

Collega le espressioni del testo con il significato corretto, come nell'esempio.

riga n.	espressione del testo	significato
3	**1. accrescimento corporeo**	a. malattie, patologie, problemi
7	2. ricambio energetico	b. elemento chimico il cui simbolo è Ca
8	3. disturbi	c. elemento chimico il cui simbolo è I
9	4. carenza	**d. crescita, sviluppo (del corpo)**
9	5. iodio	e. zucchero
11	6. calcio	f. metabolismo
21	7. glucosio	g. mancanza
22	8. diabete	h. derivato del glucosio
24	9. glicogeno	i. malattia dovuta a insufficiente secrezione di insulina

8 Fissare la terminologia medica

Scrivi i nomi delle ghiandole endocrine al posto giusto nel disegno.

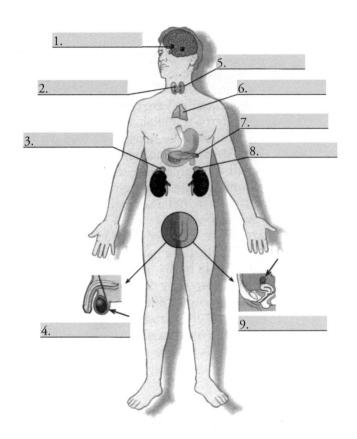

Ora guarda la soluzione a pag. 121 e calcola le risposte giuste. Se hai totalizzato meno di 6/9 rivedi l'esercizio e prova a rifarlo fra qualche giorno. Scrivi tutti e due i risultati.

Primo totale: _____ /9   **Secondo totale:** _____ /9

9 Fissare la terminologia medica

Collega gli ormoni con le ghiandole che li secernono.

ormone	ghiandola
1. ormone della crescita	a. tiroide
2. tiroxina	b. ipofisi
3. ormone per il metabolismo del calcio	c. paratiroidi
4. insulina e glucagone	d. isole di Langerhans
5. ormoni sessuali	e. ghiandole surrenali
6. cortisone e adrenalina	f. gonadi

10 **Diagnosticare**

Osserva gli esami della paziente e riordina la conversazione.

AZIENDA USL DI PARMA
Distretto di Parma
U.O. PATOLOGIA CLINICA Parma Città
Resp.: Dott. C. Zurlino

Richiesta 4309 del 26/3/04
Stampa del 30/3/04

Rep. 664 LUBIANA St. A
Cod. 01657692 Nato/a: 9/8/1965
Sig. Vescovi Daniela

	Esito	U.d.m.	Valori normali
Ab anti TPO	<10.0	IU/ml	Fino a 35
Ab anti-TIREOGLOBULINA	<20.0	IU/ml	Fino a 40
TSH	0.05	uU/ml	0.45-4.95
FT3	5.02	Pg/ml	2.50-4.25
FT4	2.10	Ng/dl	0.80-1.90

medico	paziente
1. Uhmm... ha anche altri sintomi, non so, tachicardia, tremori...	8. Sì, eccole, ho avuto i risultati proprio ieri.
2. No, non si deve preoccupare, non è niente di grave. È solo la sua tiroide che fa un po' i capricci. Ma adesso vedrà che la rimettiamo a posto. Le faccio anche la richiesta per gli esami degli anticorpi antitiroidei per completare la diagnosi...	9. Malissimo, Dottore, non so cosa mi stia succedendo... Mangio molto e perdo peso, sono agitata e poi io che ero una dormigliona, ho perso il sonno, soffro di insonnia, non riesco più a dormire. Ho notato un ingrossamento del collo...
3. Buongiorno, si accomodi. Allora, come va?	10. Soppresso?
4. Sì, ha notato un battito cardiaco accelerato?	11. Tachicardia?
5. Infatti ho notato che i suoi occhi sono molto sporgenti... Ha fatto le analisi che le avevo prescritto?	12. Dottore, io con questi numeri non ci capisco niente. Ma sono grave?
6. Sì, voglio dire molto basso, un TSH molto basso... poi vediamo un T3 e un T4 alto, sì...	13. Ah, tachicardia! Sì, in effetti sì, ho le palpitazioni e il cuore che va a 100 all'ora! E poi dottore, non so, forse è una mia impressione, ma mi pare di avere gli occhi fuori dalle orbite. Non sembra anche a lei?
7. Vediamo. Un TSH soppresso...	

10 Il sistema endocrino

Di che cosa soffre la paziente? Riguarda l'esercizio 3 e scrivi il nome della malattia.

La paziente soffre di: _____

11 Ipotizzare

a) Cosa descrive questo testo? Completa la definizione con l'espressione giusta.

azotemia ☐   glicemia ☐   insulina ☐   tiroxina ☐

La _____ è il contenuto di glucosio nel sangue che, in condizioni di buona salute, oscilla fra $0,8 \div 1,0/dm_3$ di sangue. La regolazione della _____ è affidata ad una ghiandola endocrina, il pancreas.

b) Hai capito cosa descrive il testo? Metti una X nella casella corrispondente degli esami di laboratorio. Se hai difficoltà riguarda gli esercizi 19 e 20 dell'unità 1 - L'apparato circolatorio.

ESAMI DI LABORATORIO																
Data	G.B.	G.R.	Hb	Ht	VCM	PLT.	Glic.	Azot.	Prot.	GPT	I.K.	COL.	TRIG.	Fe	Ferrit.	URINE	ALTRO

c) Che cosa rappresenta questa immagine?

1. Il fegato ☐
2. Il pancreas ☐
3. Il colon ☐

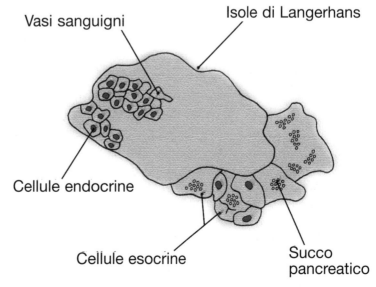

Vasi sanguigni

Isole di Langerhans

Cellule endocrine

Cellule esocrine

Succo pancreatico

12 Terminologia medica

Prima di leggere il testo "La regolazione della glicemia", rifletti sul significato di queste espressioni che ti aiuteranno a capire meglio la lettura.

espressione del testo	significato
1. glucagone	ormone che fa aumentare la concentrazione di glucosio nel sangue
2. insulina	ormone che fa diminuire la concentrazione di glucosio nel sangue
3. antagonista	opposta, in contrasto con un'altra
4. glicogeno	derivato del glucosio che si accumula nel fegato e nei muscoli come materiale energetico di riserva
5. glucosio	tipo di zucchero

13 Leggere

Ora leggi il testo[2]. Le parole <u>sottolineate</u> sono quelle che hai visto nell'esercizio precedente.

La regolazione della glicemia

1   Il pancreas è una ghiandola mista che contiene cellule che formano piccoli raggruppamenti sparsi in mezzo a tessuto epiteliale con *funzione esocrina*. I piccoli raggruppamenti di cellule, detti isole di Langerhans, sono la *parte endocrina* dell'organo.
    Le **isole di Langerhans** contengono due tipi di cellule: le cellule α (alfa) che producono
5   il **glucagone**, e le cellule β (beta), responsabili della produzione dell'**insulina**. Il glucagone e l'insulina sono due ormoni con azione <u>antagonista</u>. Il glucagone stimola l'idrolisi del **glicogeno**, ne facilita la liberazione nel sangue e porta a un aumento della glicemia. L'insulina stimola l'accumulo del **glucosio** nelle cellule come glicogeno e determina un abbassamento della glicemia.
10   Il **diabete mellito** è una malattia caratterizzata da **iperglicemia** e, contemporaneamente, da ridotta capacità delle cellule di utilizzare il glucosio. Questa malattia, di origine genetica, è dovuta a un ritardo o a una insufficienza della secrezione di insulina da parte delle cellule della porzione endocrina del pancreas. La cura per il diabete mellito consiste, nei casi più gravi, in iniezioni di insulina da praticare in vicinanza dei pasti, in modo da
15   compensarne la fisiologica carenza. Nei casi meno gravi è sufficiente una specifica dieta alimentare, accompagnata dall'uso di farmaci opportuni.

14 Capire

Vero o falso? Rispondi con una X e indica la riga.

	vero	falso	riga n°
1. Il pancreas è una ghiandola endocrina.	☐	☐	_____
2. Il glucagone e l'insulina sono due ormoni con azione complementare.	☐	☐	_____
3. Il glucagone fa aumentare la concentrazione di glucosio nel sangue.	☐	☐	_____
4. L'insulina fa diminuire la concentrazione di glucosio nel sangue.	☐	☐	_____
5. Il diabete mellito è una malattia caratterizzata da un alto tasso di glicemia nel sangue.	☐	☐	_____
6. Per curare le forme più gravi di diabete è sufficiente seguire una dieta molto rigida.	☐	☐	_____

15 Capire

Trova e trascrivi il punto esatto del testo in cui si parla dell'immagine.

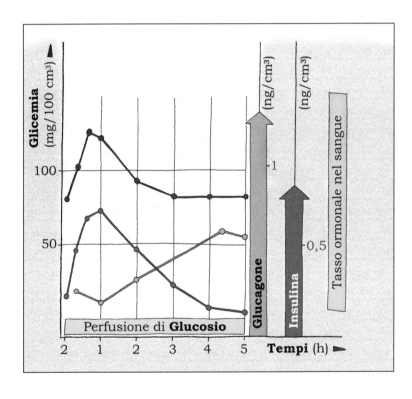

....

....

....

16 Diagnosticare

Osserva gli esami del paziente e riordina la conversazione.

ESAMI DI LABORATORIO																
Data	G.B.	G.R.	Hb	Ht	VCM	PLT.	GLIC.	AZOT.	PROT.	GPT	I.K.	COL.	TRIG.	Fe	Ferrit	URINE	ALTRO
9.8.04	7500	5200000	14,9	48	92	280000	434	51	50	50	20	240	320	60	250	GLICOSURIA	

medico	paziente
1. Da quando avverte questi sintomi?	6. Eccolo.
2. Uhm... Mi ha portato il risultato delle analisi del sangue?	7. Dottore, non sto ancora bene... Continuo a bere e ho sempre la gola secca, vado in continuazione in bagno a far pipì e...
3. Buongiorno, si accomodi. Mi dica, come va?	8. Sì, in effetti sì, ho sempre un gran prurito. Mi gratto in continuazione.
4. Vediamo. 434 di glicemia?!	9. Non so, sono cominciati al ritorno dalle vacanze. Durante il viaggio avevo sempre fame. Mi sono fermato diverse volte all'autogrill per mangiare qualcosa e anche perché mi sentivo molto stanco.
5. Capisco. Ha anche altri sintomi?	

Di che cosa soffre il paziente?

Il paziente soffre di: _____

(17) **Occhio alla lingua! La formazione delle parole in -zione**

In italiano è possibile formare un sostantivo da un verbo aggiungendo **-zione** *(suffisso) alla parola-base.*

a) Ritrova nei testi "Le ghiandole endocrine" e "La regolazione della glicemia" i sostantivi relativi a questi verbi e completa la tabella.

"Le ghiandole endocrine"	
sostantivo	**verbo**
1. *secrezione*	secernere
2.	fissare
3.	conservare
4.	condurre
5.	coagulare
6.	maturare
7.	infettare
8.	regolare
9.	alimentare
10.	produrre
"La regolazione della glicemia"	
sostantivo	**verbo**
11.	liberare
12.	iniettare

b) Secondo te, il suffisso **-zione** *indica:*

1. l'effetto o il risultato di un'azione
   (ad es. secre**zione** è il risultato di secernere); ☐
2. la persona che fa l'azione; ☐
3. una caratteristica dell'azione. ☐

note

1: Fabris, F., Mc Cormack, J., *Scienzeoggi.it. L'uomo*, Trevisin, Milano, 2002, p. 173.

2: AA.VV., *Elementi di Biologia*, Bovolenta Editore, Ferrara, 2001, p. B/55.

10 Il sistema endocrino

Il sistema nervoso

1 **Ipotizzare**

Guarda l'immagine. Che cosa rappresenta?

1. Un nervo. ☐
2. Un neurone. ☐
3. Un ganglio. ☐

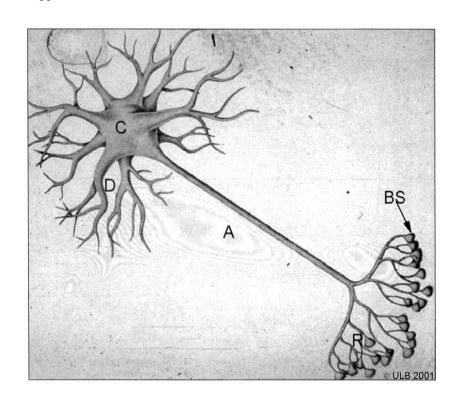

© ULB 2001

2 **Leggere**

Leggi il testo[1].

Struttura e funzione del neurone

1 · L'unità di base, strutturale e funzionale, del sistema nervoso è il **neurone**. I neuroni sono cellule capaci di condurre gli impulsi e sono costituiti da un corpo cellulare e dai suoi prolungamenti, i **dendriti** e il **neurite** (o **assone**). I dendriti hanno ramificazioni numerose e brevi, ricevono impulsi e li trasmettono al corpo cellulare; i neuriti sono
5 · prolungamenti, a volte anche molto lunghi, che si ramificano solo alla fine e conducono l'impulso lontano dal corpo cellulare. Il neurite a poca distanza dal corpo cellulare è ricoperto dalla **mielina** che ha funzione isolante e facilita la trasmissione dell'impulso.

3 **Schematizzare**

Hai capito in generale quello che hai letto? Metti i nomi al posto giusto nell'immagine.

> **corpo cellulare - dendriti - mielina - neurite**

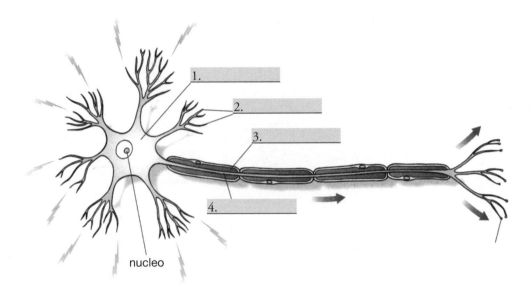

1.

2.

3.

4.

nucleo

4 **Leggere**

Leggi il testo².

> ### Il sistema nervoso
>
> 1   Il **sistema nervoso** (SN) con le sue informazioni rappresenta l'essenza stessa della vita.
> È costituito da:
>
> 5   • **sistema nervoso centrale** (SNC), con l'*encefalo* (formato da cervello, cervelletto e midollo allungato), racchiuso nella scatola cranica, e con il *midollo spinale* all'interno del canale vertebrale;
>
> • **sistema nervoso periferico** (SNP), che comprende i *nervi cranici*, in partenza
> 10   dall'encefalo, e i *nervi spinali* che partono dal midollo spinale.

5 Schematizzare

Hai capito in generale quello che hai letto? Completa l'immagine con le informazioni mancanti.

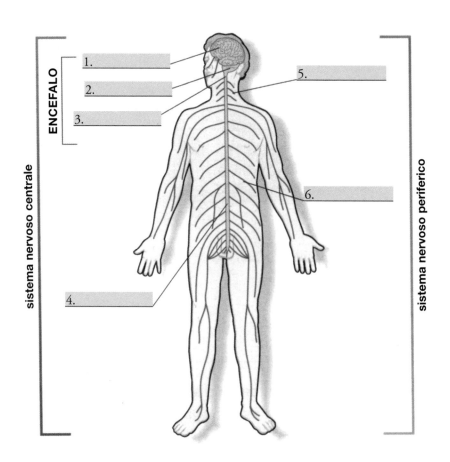

ENCEFALO

1.

2.

3.

5.

6.

4.

sistema nervoso centrale

sistema nervoso periferico

6 Anagramma

Risolvi gli anagrammi.

1. C E F E N A L O ⇨ **E N C E F A L O**

2. S S T E I M A N E S O R V O

   F E R P E R I I C O ⇨ _ _ _ _ _ _ _   _ _ _ _ _ _ _   _ _ _ _ _ _ _ _ _ _

3. D O L M I L O S A L E P I N ⇨ _ _ _ _ _ _ _   _ _ _ _ _ _ _

4. S S T E I M A N E S O R V O

   T R A L C E N E ⇨ _ _ _ _ _ _ _   _ _ _ _ _ _ _   _ _ _ _ _ _ _ _

7 Leggere

Leggi il testo³.

L'encefalo

1 　L'**encefalo** presenta una superficie corrugata da solchi profondi che formano le circonvoluzioni cerebrali. Il **cervello** - propriamente detto - ha la massa maggiore di tutto il sistema nervoso centrale. Esso è costituito dai due emisferi cerebrali rivestiti di corteccia, uniti fra loro dal *corpo calloso*.

5 　La **corteccia cerebrale** è composta da *materia grigia* all'esterno, mentre internamente vi è la *sostanza bianca* formata da fibre mieliniche. La sostanza grigia risulta notevolmente ampliata, a causa delle circonvoluzioni, sia nella superficie che nel numero dei neuroni, il che rende possibile l'elaborazione di un numero enorme di informazioni sia in entrata (input) che in uscita (output).

10 　In essa vi sono i centri motori che hanno il compito di presiedere al movimento degli arti superiori, delle mani, degli arti inferiori, dei piedi, mentre i centri sensoriali svolgono funzioni legate alle sensazioni tattili, visive, gustative, ecc.

　I **centri motori** e i **centri sensoriali** sono associati fra loro attraverso aree associative, sedi dei processi mentali, della creazione artistica, dell'apprendimento, della memoria,

15 　delle capacità logiche, del ragionamento; qui le informazioni vengono integrate tra loro e con quelle già in memoria dovute ad esperienze passate, e viene programmato il comportamento che si attua attraverso le vie discendenti motorie.

　Ciascuno dei due emisferi controlla inoltre particolari attività mentali: l'emisfero destro controlla le attività spaziali e immaginative, l'emisfero sinistro controlla il linguaggio.

20 　Nell'emisfero sinistro, infatti, sono state individuate **le aree di Broca** e di **Wernicke**, responsabili rispettivamente dell'articolazione e della comprensione del linguaggio.

　Il **cervelletto** si trova dietro al cervello. Ha un ruolo importante nella coordinazione dei movimenti volontari e nel mantenimento dell'equilibrio.

　Il **talamo** è il centro dell'informazione dei sensi. L'**ipotalamo** controlla l'attività delle

25 　ghiandole del corpo ed è inoltre il centro della fame, della sete e del sonno.

　Il **sistema limbico** è un insieme di neuroni legato ai processi di memoria e al desiderio sessuale.

　Il **midollo allungato** collega l'encefalo al midollo spinale. In esso vi sono i centri che controllano le attività involontarie, come l'attività cardiaca e la respirazione polmonare.

11 Il sistema nervoso

8 Schematizzare

Hai capito in generale quello che hai letto? Scrivi i nomi delle varie parti dell'encefalo al posto giusto nell'immagine.

> **cervelletto - cervello - corteccia cerebrale - ipofisi - ipotalamo -
> midollo allungato - midollo spinale - sistema limbico - talamo**

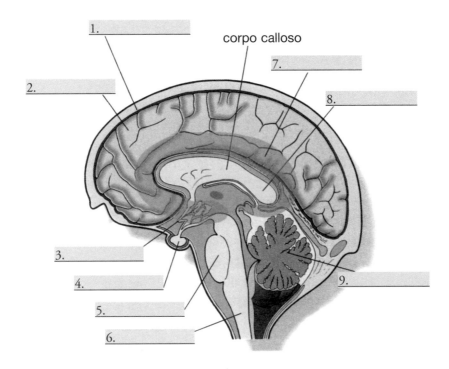

1.
2.
corpo calloso
7.
8.
3.
4.
5.
6.
9.

Ora guarda la soluzione a pag. 121 e calcola le risposte giuste. Se hai totalizzato meno di 6/9 rivedi l'esercizio e prova a rifarlo fra qualche giorno. Scrivi tutti e due i risultati.

Primo totale: _____ /9   **Secondo totale:** _____ /9

9 Capire

Rispondi alle domande usando la terminologia medica della lettura.

1. Dove si trovano la materia bianca e la materia grigia?
2. Dove sono i centri motori che controllano gli arti superiori e inferiori?
3. Dove si trova il centro del linguaggio?
4. A che cosa servono le aree di Broca e Wernicke?
5. Che funzione ha il cervelletto?
6. Dove si trova il centro della fame?
7. Dove viene gestita la memoria?
8. Dove sono i centri che controllano l'attività cardiaca?

Il sistema nervoso

10 Fissare la terminologia medica

Completa il testo con le espressioni della lettura "L'encefalo".

L'encefalo comprende il _____, il cervelletto, il _____ allungato, il talamo, l'_____, il sistema _____ e la corteccia _____. Esso ha la funzione di integrare e coordinare tutte le attività sia volontarie che _____ del nostro corpo. In esso hanno sede la memoria, il centro del leggere, il centro della parola, il pensiero, le emozioni. Il cervello ha la massa maggiore di tutto il _____ nervoso centrale. Esso è costituito da due _____ cerebrali rivestiti di corteccia, il destro e il sinistro.

11 Leggere

Leggi il testo[4].

La malattia di Alzheimer

1   Alois Alzheimer (1864-1915), neurologo tedesco, nel 1906 a Tuebingen, durante un convegno scientifico, descrisse il caso di una donna di 51 anni che presentava un <u>delirio</u> di gelosia nei confronti del marito, perdita graduale e progressiva della memoria, <u>disorientamento</u> nello spazio e altri <u>disturbi</u> <u>cognitivi</u> e del
5   comportamento, senza però problemi nei movimenti. Nel corso di quattro anni e mezzo di osservazione perse completamente la memoria e le altre funzioni cognitive; si ridusse a letto in posizione fetale e divenne incontinente. Nonostante le cure la paziente morì. All'<u>autopsia</u> il cervello mostrava un'<u>atrofia</u> diffusa.
    Fu questo il primo caso descritto di quella malattia che prese poi il nome di **malattia
10   di Alzheimer**. La malattia di Alzheimer è la <u>demenza</u> più comune e la sua frequenza aumenta con l'età. Si tratta di una malattia organica dovuta alla morte progressiva e irreversibile di cellule cerebrali. La causa della malattia è ancora sconosciuta.

12 Prendere appunti

Rileggi velocemente il testo e completa la tabella.

nome della malattia	
organo colpito	
sintomi	
cause	

13 Terminologia medica

Scegli, per ogni espressione <u>sottolineata</u> nel testo "La malattia di Alzheimer", il significato corretto fra quelli proposti dal dizionario[5]. Trascrivilo nella terza colonna, usando parole tue o scrivendo la traduzione nella tua lingua.

espressione del testo	definizione del dizionario	significato o traduzione
delirio	*s. m.* ☐ **1** alterazione dello stato di coscienza, con allucinazioni e agitazione motoria, conseguenza di febbre acuta o di altri fattori (alcolismo, danni cerebrali ecc.): *avere il delirio*; *un accesso di delirio* | (*psich.*) stato di coscienza caratterizzato da convinzioni erronee e illogiche, che riflettono un distacco dal senso comune e dalla realtà; è tipico della schizofrenia: *delirio lucido, confuso, allucinatorio*; *delirio di gelosia, di persecuzione, di morte*; *delirio di grandezza*, megalomania; *delirio cronico*, paranoia. ☐ **2** esaltazione fantastica, passionale: *delirio poetico, mistico*; *delirio dei sensi* | entusiasmo fanatico, spec. collettivo: *la folla era in delirio*.	
disorientamento	*s. m.* ☐ **1** l'essere disorientato; confusione, smarrimento: *avere un attimo di disorientamento*. ☐ **2** incapacità a orientarsi nel tempo o nello spazio, come sintomo di malattie mentali o di lesioni cerebrali.	
disturbo	*s. m.* ☐ **1** il disturbare, il disturbarsi; fastidio, incomodo: *dare, arrecare disturbo*; *scusi, perdoni il disturbo* | *tolgo il disturbo*, formula di cortesia di chi prende congedo dopo aver fatto una visita. ☐ **2** turbamento nella funzionalità dell'organismo umano o di qualche sua parte: *disturbo psichico*. ☐ **3** difetto nel funzionamento di un apparecchio | nelle telecomunicazioni, rumore o altro che impedisce una buona ricezione.	
cognitivo	*agg.* ☐ **1** che riguarda la cognizione cioè la percezione, il linguaggio, il pensiero, l'intelligenza, il ragionamento: *funzioni cognitive*. ☐ **2** conoscitivo.	
autopsia	*s. f.* ☐ **1** sezione ed esame di un cadavere a scopo di studio o in relazione a indagini richieste dall'autorità giudiziaria.	

espressione del testo	definizione del dizionario	significato o traduzione
	☐ **2** analisi approfondita condotta direttamente sull'originale (*p. e.* di un documento, di un manoscritto).	
atrofia	*s. f.* ☐ **1** ridotto sviluppo o diminuzione di volume di un organo o di un tessuto: *atrofia muscolare*. ☐ **2** sin. rimpicciolimento.	
demenza	*s. f.* ☐ **1** infermità mentale dovuta a lesioni anatomiche diffuse o a focolaio, caratterizzata da perdita delle facoltà intellettuali: *demenza precoce*, schizofrenia; *demenza senile*, quella che accentua in modo precoce il naturale decadimento mentale della senilità. ☐ **2** stupidità, incapacità.	

14 Indovinare

Indovina le parole nascoste.

1. È un sinonimo di schizofrenia, di pazzia: D _ _ _ _ Z _

2. Indica un cattivo funzionamento di una parte del nostro organismo: D I _ _ _ _ B _

3. La malattia di A. compromette le funzioni C _ G _ _ _ _ _ E del nostro intelletto.

4. Sezione ed esame di un organo a scopo di studio: A _ T _ _ _ _ _

5. Significa ridotto sviluppo o diminuzione di volume di un organo o di un tessuto: A T _ _ _ _ _

15 Terminologia medica

Prima di leggere il testo "L'evoluzione della malattia", rifletti sul significato di queste espressioni che ti aiuteranno a capire meglio la lettura.

espressione del testo	significato
1. apatia	indifferenza verso il mondo circostante, caratterizzato da mancanza di sentimenti e di volontà di azione
2. sovraeccitamento	forte agitazione emotiva
3. emettere giudizi	giudicare
4. afasia	perdita della capacità di parlare o di comprendere le parole
5. compromesse	danneggiate
6. gemiti	lamenti, grida di dolore

11 Il sistema nervoso

16 Leggere

Ora leggi il testo⁶. Le parole <u>sottolineate</u> sono quelle che hai visto nell'esercizio precedente.

> ## L'evoluzione della malattia di Alzheimer
>
> 1   L'evoluzione della malattia di Alzheimer è suddivisa in tre fasi.
> **La prima fase** è caratterizzata da una leggera perdita di memoria (amnesia) e da una progressiva incapacità di imparare nuovi concetti o nuove tecniche, nonché da difficoltà ad esprimersi e a comprendere. Nel malato si notano modificazioni del carattere e della
> 5   personalità (<u>apatia</u>, <u>sovraeccitamento</u>), difficoltà nei rapporti con il mondo esterno (nel lavoro o con gli estranei). Si può notare una difficoltà sempre maggiore nell'<u>emettere giudizi</u>, incapacità di riconoscere i volti, incertezze nei calcoli matematici e nei ragionamenti che richiedono una certa logica.
> **La seconda fase** è caratterizzata dal peggioramento delle difficoltà già presenti: la
> 10   progressiva perdita di memoria autobiografica (dove vivo? che lavoro faccio?...), di memoria riguardante il significato delle parole, rendono il paziente insicuro.
> I disturbi del linguaggio (<u>afasia</u>) che in alcuni casi sono i primi sintomi evidenti di malattia, in breve tempo accompagnano quelli della memoria. Il malato perde anche la capacità di comprendere le parole e le frasi, di leggere e di scrivere.
> 15   **La terza fase** è caratterizzata da una completa dipendenza dagli altri. Le funzioni intellettive sono gravemente <u>compromesse</u>; compaiono difficoltà nel camminare, le espressioni verbali sono ridotte a ripetizione di parole dette da altri, o ripetizione continua di suoni o <u>gemiti</u>. Spesso il malato si riduce all'immobilità.

17 Riordinare

Riordina le varie fasi della malattia di Alzheimer di questo caso clinico.

Corrado ha 76 anni, è pensionato da circa 10 anni ed è malato di Alzheimer.

(fase n° 1)
Tre anni fa...

(fase n° 2)
Poi...

(fase n° 3)
Infine...

(fase n° __)... ha cominciato ad avere sempre più bisogno del figlio. Non riusciva più a stare in piedi da solo, non parlava quasi più.

(fase n° __)... ha cominciato a non ritrovare più la strada di casa dopo che aveva fatto la spesa la mattina e quel disturbo della parola diventava sempre più evidente. Non riusciva più a ricordare come si chiamavano le cose.

(fase n° __)... ha cominciato a non ricordare dove metteva la chiavi di casa, se aveva fatto la consueta telefonata al figlio la mattina dopo colazione oppure che cosa gli aveva raccontato la sera prima la vicina di casa. Spesso gli capitava di dire una parola al posto di un'altra, ma senza volerlo.

18 Cruciverba

Fai il cruciverba. Se necessario, rileggi i testi "La malattia di Alzheimer" e "L'evoluzione della malattia di Alzheimer".

ORIZZONTALI →

1. Sistema nervoso centrale.
3. È formato da cervello, cervelletto e midollo allungato.
6. Indifferenza verso il mondo circostante.
8. C'è quello allungato e quello spinale.
9. L'unità di base del sistema nervoso.
10. Lo sono le cellule del cervello:
   CERE _ _ _ _ _
11. Perdita di memoria.

VERTICALI ↓

1. Sistema nervoso periferico.
2. Organo colpito dalla malattia di Alzheimer.
4. Sezione ed esame di un cadavere a scopo di studio.
5. La malattia di Alzheimer è un tipo di ...
7. Rimpicciolimento del cervello.

19 Occhio alla lingua! Il prefisso -a

Nel linguaggio medico ci sono molti nomi che cominciano per "a-". Questa lettera ripete la funzione che aveva in greco il cosiddetto "alfa negativo". Si tratta di un prefisso che indica mancanza, assenza, indifferenza, passività: es. amnesia = perdita totale o parziale di memoria.
Rileggi i testi "La malattia di Alzheimer" e "L'evoluzione della malattia di Alzheimer", trova tutti i termini che contengono "a-" (alfa negativo) e indica per ognuno il significato corrispondente.

nomi con *a-* (alfa negativo)	significato

20 Ipotizzare

Prima di leggere il testo "Le tecniche di indagine del funzionamento del SNC", collega le espressioni alle immagini corrispondenti che ti aiuteranno a capire meglio la lettura.

n° __: elettroencefalografia

n° __: elettroencefalogramma

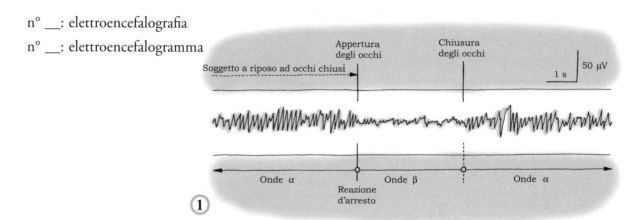

21 Leggere

Leggi il testo[7].

Le tecniche di indagine del funzionamento del SNC

1   L'**elettroencefalografia** è una tecnica che permette di registrare l'attività bioelettrica del cervello. Si utilizzano 20÷30 elettrodi disposti opportunamente sul cuoio capelluto, in modo da essere stimolati dall'elettricità prodotta dai miliardi di neuroni posti al di sotto. L'elettricità prodotta dal cervello genera **onde cerebrali** di due tipi, chiamate alfa (α) e

5   beta (β). L'elettricità cerebrale è molto bassa, ma un amplificatore la rende visibile sotto forma di una curva su uno schermo o di una traccia su una carta che si srotola a velocità costante sotto un pennino scrivente. L'insieme delle tracce delle onde cerebrali costituisce l'**elettroencefalogramma** (EEG).

22 Capire

Vero o falso? Rispondi con una X.

	vero	falso
1. L'elettroencefalografia è una terapia che permette di curare le patologie del sistema nervoso.	☐	☐
2. Durante l'esame l'elettricità prodotta dai neuroni passa negli elettrodi e genera onde cerebrali.	☐	☐
3. Le onde cerebrali vengono visualizzate o come curve su un monitor o come linee su carta.	☐	☐
4. L'elettroencefalogramma è un'immagine del cervello.	☐	☐

23 Fissare la terminologia medica

Completa il testo con le espressioni della lettura "Le tecniche di indagine del funzionamento del SNC".

L'_____ è una tecnica che permette di registrare l'attività bioelettrica del cervello. Si utilizzano 20÷30 _____ disposti opportunamente sul cuoio capelluto, in modo da essere stimolati dall'elettricità prodotta dai miliardi di _____ posti al di sotto.

L'elettricità prodotta dal cervello genera _____ cerebrali di due tipi, chiamate alfa (α) e beta (β). L'elettricità cerebrale è molto bassa, ma un amplificatore la rende visibile sotto forma di una curva su uno schermo o di una traccia su una carta che si srotola a velocità costante sotto un pennino scrivente. L'insieme delle tracce delle onde cerebrali costituisce l'_____ (EEG).

11 Il sistema nervoso

note

1: AA.VV. *Biologia. La dinamica della vita*, Zanichelli, Bologna, 1994, p. 310.
2: Fabris, F., Mc Cormack, J., *Scienzeoggi.it. L'uomo,* Trevisin, Milano, 2002, p. 163.
3: Fabris, F., Mc Cormack, J., *Scienzeoggi.it. L'uomo,* Trevisin, Milano, 2002, p. 165.

4: ridotto da www.aimaroma.it.
5: www.garzantilinguistica.it/digita.html.
6: ridotto da www.aimaroma.it.
7: AA.VV. *Elementi di Biologia*, Bovolenta Editore, Ferrara, 2001, p. B/30.

L'apparato uro-genitale

1 **Ipotizzare**

Scegli un possibile titolo per questa immagine.

a. Il sistema linfatico. ☐

b. L'apparato urinario. ☐

c. Il sistema endocrino. ☐

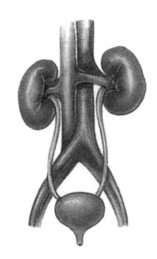

2 **Leggere**

Leggi il testo[1].

Le strutture dell'apparato urinario

1   L'apparato urinario è formato dai due reni, dai due ureteri, dalla vescica e dall'uretra. La funzione del rene consiste nel filtrare il sangue che ha raccolto i prodotti di rifiuto dalle cellule di tutto il corpo. Ogni **rene** è collegato a un canale detto **uretere** che porta alla vescica urinaria. La **vescica** è un serbatoio con parete di tessuto muscolare che

5   immagazzina l'urina, un liquido che contiene in soluzione rifiuti proteici e sali.

Ogni rene è formato da un milione circa di minutissime unità filtranti, ognuna delle quali è detta **nefrone** ed è costituita da un *glomerulo*, da una *capsula* e da un *tubulo*. Il sangue che entra nel rene contiene i rifiuti cellulari, mentre quello che ne esce è stato depurato. Il liquido filtrato nella capsula del nefrone passa in un sottile e lungo tubulo: durante il

10   percorso nel tubulo la maggior parte degli ioni e dell'acqua, tutto il glucosio e gli amminoacidi, vengono riassorbiti nel sangue. Il liquido che rimane nel tubulo, composto di acqua e ioni in eccesso e di molecole di rifiuto, costituisce l'**urina**, che fluisce attraverso l'uretere nella vescica; da qui esce dal corpo attraverso un canale detto **uretra**.

③ Capire

Vero o falso? Rispondi con una X e indica la riga.

	vero	falso	riga n°
1. Il rene elimina l'urina dal sangue.	☐	☐	_____
2. L'uretere collega il rene alla vescica.	☐	☐	_____
3. La vescica produce l'urina.	☐	☐	_____
4. Il nefrone è una unità filtrante del rene.	☐	☐	_____
5. L'urina viene eliminata dal corpo attraverso l'uretra.	☐	☐	_____

④ Comprendere la terminologia medica

Trova e trascrivi i punti esatti del testo in cui si parla delle due immagini.

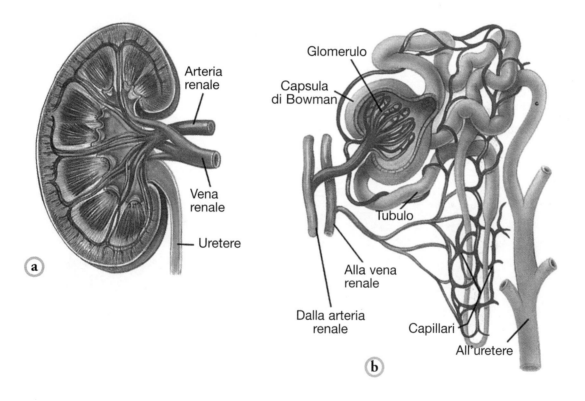

a. ....

b. ....

(testo laterale) 12 L'apparato uro-genitale

5 Fissare la terminologia medica

Completa il testo con i termini della lista.

capsula - nefrone - reni - tubulo - uretere - uretere - ureteri - uretra - uretra - urina - vescica - vescica

L'apparato urinario è formato dai due _____, dai due _____, dalla _____ e dall'_____. Ogni rene è collegato a un canale detto _____ che porta alla vescica urinaria. La vescica è un serbatoio con parete di tessuto muscolare che immagazzina l'_____. Il _____ è costituito da un glomerulo, da una _____ e da un _____. L'urina fluisce attraverso l'_____ nella _____; da qui esce dal corpo attraverso un canale detto _____.

6 Ipotizzare

Scegli un possibile titolo per queste immagini.

1. L'apparato genitale femminile e maschile. ☐
2. L'apparato urinario femminile e maschile. ☐
3. L'apparato escretore femminile e maschile. ☐

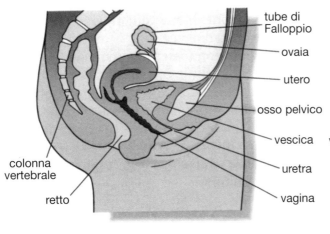
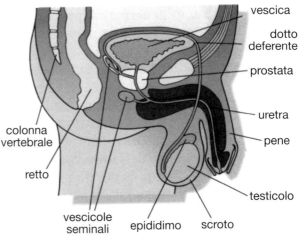

7 Capire

Completa le definizioni.

1. L'_____ è formato da ovaie, tube di Falloppio, utero e vagina.

2. L'_____ è formato dai testicoli, ossia gli organi che producono i gameti o spermatozoi e dal pene.

8 Comprendere la terminologia medica

Segui le indicazioni del testo e scrivi i termini in grassetto al posto giusto nelle immagini.

L'apparato genitale femminile e maschile

Nell'apparato genitale femminile la parte più esterna di un'**ovaia** contiene i follicoli dove matura la cellula-uovo.

Dopo la maturazione, la cellula-uovo viene espulsa e, per mezzo delle **tube di Falloppio** nel quale avviene la fecondazione, si sviluppa l'embrione.

L'**utero** comunica con l'esterno per mezzo di un canale, la **vagina**, terminante con l'apertura genitale che nella donna è distinta dall'apertura urinaria (**uretra**).

L'apparato genitale maschile è composto dai due **testicoli** e dal **pene**. I testicoli sono due ghiandole contenute in una borsa, lo **scroto**, che hanno la funzione di produrre gli ormoni sessuali e gli spermatozoi. Questi ultimi passano nell'**epididimo**, nel **dotto deferente** e nell'**uretra**, contenuta all'interno del pene, per giungere finalmente all'esterno. L'uretra, nell'uomo, rappresenta il tratto finale comune sia all'apparato escretore (reni - vescica urinaria) che a quello riproduttore.

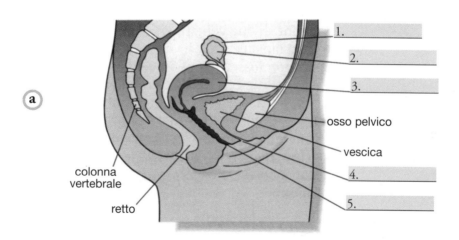

a
1.
2.
3.
osso pelvico
vescica
4.
5.
colonna vertebrale
retto

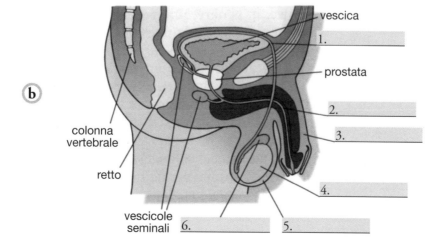

b
vescica
1.
prostata
2.
3.
4.
colonna vertebrale
retto
vescicole seminali
6.
5.

9 Fissare la terminologia medica

Completa il testo con le espressioni mancanti.

Nell'apparato genitale femminile la parte più esterna di un'_____ contiene i follicoli dove matura la cellula-uovo. Dopo la maturazione, la cellula-uovo viene espulsa e, per mezzo delle _____ di Falloppio nel quale avviene la fecondazione, si sviluppa l'_____.

L'utero comunica con l'esterno per mezzo di un canale, la _____, terminante con l'apertura genitale che nella donna è distinta dall'apertura urinaria (_____).

L'apparato genitale maschile è composto dai due _____ e dal _____.

I _____ sono due ghiandole contenute in una borsa, lo _____, che hanno la funzione di produrre gli ormoni sessuali e gli spermatozoi. Questi ultimi passano nell'epididimo, nel _____ deferente e nell'_____, contenuta all'interno del pene, per giungere finalmente all'esterno.

L'_____, nell'uomo, rappresenta il tratto finale comune sia all'apparato escretore (reni - vescica urinaria) che a quello riproduttore.

10 Ipotizzare

Prima di leggere il testo "La diagnosi prenatale", collega le espressioni alle immagini corrispondenti che ti aiuteranno a capire meglio la lettura.

amniocentesi - embrione - gravidanza - vaccinazione - villocentesi

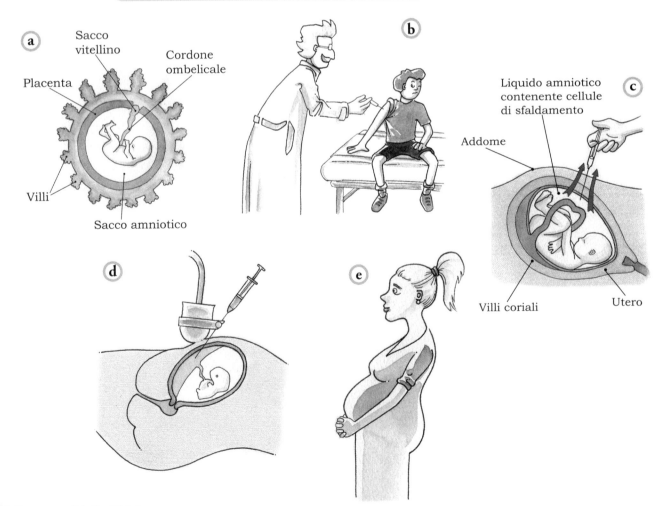

a
Sacco vitellino
Cordone ombelicale
Placenta
Villi
Sacco amniotico

b

c
Liquido amniotico contenente cellule di sfaldamento
Addome
Villi coriali
Utero

d

e

11 Leggere

Ora leggi il testo².

La diagnosi prenatale

1 Il feto, e ancor più l'embrione, possono contrarre malattie dalla madre. Fra queste ricordiamo la **rosolia** e la **toxoplasmosi**, che nell'adulto causano un'infezione, nella maggior parte dei casi non grave, mentre nell'embrione, se viene attaccato prima della fine del 3° mese di gravidanza, possono causare malformazioni anche gravi, al sistema

5 nervoso e al cuore. Con appositi esami la madre può sapere se ha già contratto o meno queste malattie, e in caso negativo mettere in atto una serie di comportamenti igienici per non venire contagiata. Oggi, proprio per questo motivo, si consiglia alle adolescenti la vaccinazione contro la rosolia.

Nei casi in cui si temono difetti congeniti, di origine ereditaria, è opportuno sottoporsi

10 alla **diagnosi prenatale**. Questa viene effettuata mediante l'**amniocentesi** e mediante la **villocentesi**.

L'amniocentesi consiste nel prelievo, fra il 3° e il 4° mese di gravidanza, del liquido amniotico che contiene sparse alcune cellule fetali; il loro esame ci dà preziose informazioni sulla presenza o meno di alterazioni cromosomiche. La *villocentesi* consiste

15 nel prelievo di alcune cellule dei villi coriali che circondano la placenta, e può essere effettuata già a partire dalla 9ª settimana.

12 Prendere appunti

Rileggi velocemente il testo e completa la tabella.

nomi delle malattie	
organi colpiti	
prevenzione della malattie	
diagnosi prenatale	

13 Comprendere la terminologia medica

Trascrivi accanto a ogni espressione la giusta definizione del dizionario. Poi scrivi nell'ultima colonna una tua definizione dell'espressione o una traduzione nella tua lingua.

1 *v. tr.* prendere.

2 *s. f. (med.)* malattia infettiva e contagiosa di natura virale, propria dell'infanzia, che si manifesta con piccole macchie rosse sulla pelle.

3 *s.m.* nome che assume l'embrione dopo il 3° mese di gravidanza.

4 *s.f. (med.)* stato fisico o psichico anormale.

5 *agg.* che esiste già alla nascita.

6 *s. f. (med., vet.)* infezione parassitaria causata da toxoplasmi.

7 *s. f. (biol., med.)* anormale conformazione di un organismo o di una sua parte.

espressione del testo	definizione del dizionario	significato o traduzione
contrarre		
feto		
rosolia		
toxoplasmosi		
malformazioni		
congeniti		
alterazioni		

14 **Fissare la terminologia medica**

Il linguaggio medico è caratterizzato da espressioni idiomatiche formate da parole a gruppi che assumono un significato specifico solo se prese come insieme.
Ricostruisci le espressioni tratte dal testo dell'esercizio 11 "La diagnosi prenatale".

> **amniotico - congenito - coriali - cromosomiche - fetali - prenatale**

1. difetto _____

2. diagnosi _____

3. liquido _____

4. cellule _____

5. alterazioni _____

6. villi _____

15 **Occhio alla lingua! Il genere dei nomi in -*i***

*Ritrova nel testo dell'esercizio 11 "La diagnosi prenatale" queste parole in -**i**.*

> **toxoplasmosi**   **diagnosi**   **amniocentesi**   **villocentesi**

Ora rispondi alle domande.

a) Di che genere sono: maschile o femminile?
b) Conosci il loro plurale?
c) Che regola grammaticale puoi dedurre?

note

1: adattato e ridotto da AA.VV. *Biologia. La dinamica della vita*, Zanichelli, Bologna, 1994, p. 377-8.

2: Fabris, F., Mc Cormack, J., *Scienzeoggi.it. L'uomo*, Trevisin, Milano, 2002, p. 150.

12 L'apparato uro-genitale

Il sistema immunitario

1 Comprendere la terminologia medica

Ritrova nel testo dell'esercizio 2 ("Le malattie contagiose"), le espressioni che corrispondono al significato tratto dal dizionario e trascrivile al posto giusto nella prima colonna. Poi scrivi nell'ultima colonna una tua definizione dell'espressione o una traduzione nella tua lingua.

espressione del testo	definizione del dizionario	significato o traduzione
1. *infettiva*	*agg.* (*med.*) che si può trasmettere ad altre persone.	
2.	*agg.* (*med.*) capace di provocare una malattia.	
3.	*s. f.* (*med.*) diffusione di una malattia infettiva su un territorio più o meno vasto, con un grande numero di individui colpiti.	
4.	*agg.* [pl. m. -*ci*] (*med.*) si dice di malattia infettiva costantemente presente, anche se in forma sporadica, in un determinato territorio.	
5.	*s. m.* (*biol.*) microrganismo unicellulare che è caratterizzato dall'assenza di un nucleo.	
6.	*s. m. invar.* (*med.*) ogni agente patogeno di una malattia infettiva.	

2 Leggere

Leggi il testo[1].

Le malattie contagiose

1 | Una malattia si definisce **infettiva** o **contagiosa** se può essere trasmessa ad altri. Qualsiasi microrganismo che provochi una malattia è definito **patogeno**. In particolare, sono chiamate **epidemie** quelle malattie contagiose che si diffondono rapidamente in una vasta zona. Nel 1918-19 un'epidemia influenzale su scala mondiale causò la morte

5 | di dieci milioni di persone, più di quante ne erano morte nella guerra mondiale. Vengono invece definite **endemiche** quelle malattie che si presentano con continuità in una zona caratterizzata da particolari condizioni ambientali, geografiche e climatiche. Un esempio è l'*epatite* in Italia o il *colera* nelle zone tropicali.

10 | Fra gli agenti di malattie infettive vi sono alcuni **protozoi**, come il *Plasmodio della malaria*, il *Trypanosoma gambiense*, responsabile della malattia del sonno, l'*ameba*, causa della dissenteria e altri.

Anche alcuni tipi di **batteri** possono causare malattie, come la *tubercolosi*, dovuta al bacillo di Koch, che colpisce i polmoni e altri organi, il *colera*, la *pertosse*, il *tetano*, la *scarlattina*, il *tifo* e altri.

15 | Sono malattie dovute a **virus** il *raffreddore*, l'*influenza*, il *vaiolo*, la *parotite* e le cosiddette malattie *esantematiche*, cioè quelle malattie che producono eruzioni su varie parti del corpo, come il *morbillo*, la *varicella*, la *rosolia*. Sono causate da virus anche l'*epatite virale*, l'*AIDS* e altre.

3 Schematizzare

Rileggi velocemente il testo e completa la tabella. Poi cerca sul dizionario la traduzione nella tua lingua.

malattie dovute a		traduzione
protozoi ⇨	1. .... 2. .... 3.	1. .... 2. .... 3. ....
batteri ⇨	1. .... 2. .... 3. .... 4. .... 5. .... 6.	1. .... 2. .... 3. .... 4. .... 5. .... 6. ....
virus ⇨	1. .... 2. .... 3. .... 4. .... 5. .... 6. .... 7. .... 8. .... 9.	1. .... 2. .... 3. .... 4. .... 5. .... 6. .... 7. .... 8. .... 9. ....

13 Il sistema immunitario

4 Capire

Vero o falso? Rispondi con una X e indica la riga.

	vero	falso	riga n°
1. Una malattia che non si può trasmettere si definisce infettiva o contagiosa.	☐	☐	___
2. Le epidemie sono malattie infettive diffuse su un territorio con un grande numero di individui colpiti.	☐	☐	___
3. Si dice endemica una malattia infettiva costantemente presente in un determinato territorio.	☐	☐	___
4. L'epatite e il colera sono malattie endemiche.	☐	☐	___
5. L'ameba è un batterio.	☐	☐	___
6. Il raffreddore è una malattia infettiva causata da un protozoo.	☐	☐	___
7. Le malattie esantematiche producono eruzioni cutanee sulla pelle cioè macchie rosse o piccole vesciche come nel caso del morbillo, della varicella o della rosolia.	☐	☐	___
8. L'AIDS è una malattie causata da un batterio.	☐	☐	___

5 Fissare la terminologia medica

Completa il testo con i termini che hai incontrato nella lettura "Le malattie contagiose".

Una malattia si definisce infettiva o _____ se può essere trasmessa ad altri.

Qualsiasi microrganismo che provochi una malattia è definito _____. In particolare, sono chiamate _____ quelle malattie contagiose che si diffondono rapidamente in una vasta zona. Vengono invece definite _____ quelle malattie che si presentano con continuità in una zona caratterizzata da particolari condizioni ambientali, geografiche e climatiche. Un esempio è l'epatite in Italia o il colera nelle zone tropicali.

Fra gli agenti di malattie infettive vi sono alcuni _____, come il Plasmodio della malaria, il Trypanosoma gambiense, responsabile della malattia del sonno, l'ameba, causa della dissenteria e altri. Anche alcuni tipi di _____ possono causare malattie, come la _____, dovuta al bacillo di Koch, che colpisce i polmoni e altri organi, il colera, la pertosse, il tetano, la scarlattina, il tifo e altri. Sono malattie dovute a _____ il raffreddore, l'influenza, il vaiolo, la parotite e le cosiddette malattie _____, cioè quelle malattie che producono eruzioni su varie parti del corpo, come il morbillo, la varicella, la rosolia. Sono causate da virus anche l'_____ virale, l'AIDS e altre.

6 **Leggere**

Leggi il testo².

Le difese specifiche dell'organismo

1 L'organismo umano possiede una serie di difese naturali contro gli **agenti patogeni**. Il sistema di difesa del nostro corpo è chiamato **sistema immunitario** e **immunità** la resistenza alle malattie dovuta all'intervento di questo sistema.

5 Quando i microrganismi patogeni entrano nel nostro corpo e provocano lo sviluppo progressivo della malattia, il nostro organismo, sebbene malato, mette in atto un tipo di difesa detto **risposta immunitaria**. Questo tipo di difesa è caratterizzato da due proprietà: la *specificità*, in quanto è in grado di colpire unicamente l'agente responsabile della malattia, e la *memoria*, poiché riesce a ricordare e a riconoscere anche a distanza di tempo l'agente invasore.

10 Responsabili della risposta immunitaria sono i linfociti, un particolare tipo di leucociti, e precisamente i **linfociti B** e i **linfociti T**. I linfociti B si formano nel *midollo osseo* (la lettera B deriva dall'inglese *bone* = osso), i linfociti T nella ghiandola del *timo*. Essi sono in grado di riconoscere un unico invasore, chiamato antigene, che viene combattuto con armi specifiche, gli anticorpi, particolari

15 proteine che si uniscono esclusivamente all'antigene contro cui sono dirette.

Per **antigene** si intende una qualunque sostanza, estranea al nostro organismo, in grado di stimolare la produzione di **anticorpi**, ossia di creare un risposta immunitaria.

La risposta immunitaria è diversa a seconda che entri in azione il linfocita B o il

20 linfocita T, che reagisce legandosi all'antigene o attaccando le cellule infette o gli invasori.

Gli antigeni possono trovarsi sulla membrana di un batterio oppure essere liberi, come molte tossine prodotte da batteri o come i veleni che vengono iniettati dai denti di una vipera o dalla puntura di un insetto. L'organismo umano produce più

25 di 100 milioni di tipi diversi di anticorpi e ogni anticorpo attacca un solo tipo di antigene.

13 Il sistema immunitario

7 **Riordinare**

Riordina le varie fasi della risposta immunitaria (i disegni sono in ordine).

1. Gli anticorpi vincono i germi.

2. Se lo stesso germe penetra una seconda volta, la malattia non si manifesta, perché i globuli bianchi conservano in memoria il primo attacco e sono già pronti alla difesa.

3. I germi penetrano nell'organismo.

4. I linfociti creano gli anticorpi.

8 **Capire**

Vero o falso? Rispondi con una X.

	vero	falso
1. Gli agenti patogeni sono le difese immunitarie del nostro organismo.	☐	☐
2. L'immunità è uno stato di resistenza verso l'azione di microrganismi patogeni.	☐	☐
3. La produzione degli anticorpi è stimolata dagli antigeni.	☐	☐
4. Gli antigeni hanno la stessa funzione degli anticorpi.	☐	☐

9 Comprendere la terminologia medica

Trova e trascrivi i punti esatti del testo in cui si parla delle immagini.

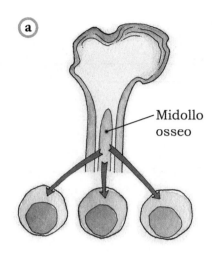

a

Midollo osseo

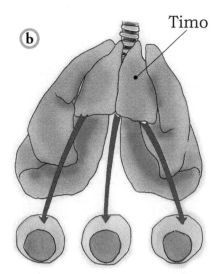

b

Timo

a. ....

b. ....

10 Fissare la terminologia medica

Completa il testo con le espressioni della lista.

> anticorpi - antigene - immunitaria - linfociti - linfociti - midollo - timo - proteine - riconoscere

Responsabili della risposta _____ sono i _____ B e i _____
T. I primi si formano nel _____ osseo, i secondi nel _____. Essi sono in
grado di _____ l'antigene che viene combattuto con gli _____,
particolari _____ che si uniscono esclusivamente con l' _____ contro cui
sono dirette.

11 Terminologia medica

Prima di leggere il testo "L'HIV il virus dell'AIDS", rifletti sul significato di queste espressioni che ti aiuteranno a capire meglio la lettura.

espressione del testo	significato
1. ha come bersaglio	colpisce
2. regolazione	controllo
3. deprimendo	indebolendo
4. stenta	fa fatica, ha difficoltà
5. ha il sopravvento	vince
6. abrasioni	ferite, lacerazioni
7. infetto	colpito da infezione
8. contagiare	trasmettere la malattia ad altre persone
9. conclamata	evidente
10. disarmato	indifeso, senza difese

12 Leggere

Ora leggi il testo[3]. Le parole sottolineate sono quelle che hai visto nell'esercizio precedente.

L'HIV, il virus dell'AIDS

1 La malattia dell'AIDS (Sindrome da immunodeficienza acquisita) è un'infezione abbastanza recente diffusa in tutto il mondo. L'agente patogeno che la provoca è il virus HIV che <u>ha come bersaglio</u> una cellula del sistema immunitario: il linfocita T4, un globulo bianco del sangue che ha un ruolo fondamentale nella <u>regolazione</u> del sistema immunitario. L'RNA del

5 virus si integra con il DNA del linfocita e si riproduce all'interno. Successivamente invade altri linfociti. Il virus agisce <u>deprimendo</u> il sistema immunitario; con il passare del tempo, il numero dei linfociti diminuisce e il soggetto viene a perdere quasi del tutto le difese immunitarie, si ammala con facilità di malattie anche banali, ma che per lui sono gravissime, <u>stenta</u> a guarire, finché il virus <u>ha il sopravvento</u>.

10 L'agente responsabile, il virus, si trasmette da individuo a individuo attraverso il sangue o altri liquidi organici come lo sperma (ma non con il sudore, la saliva o le lacrime). Il rapporto sessuale non è che uno dei modi con cui si trasmette l'infezione attraverso le piccole <u>abrasioni</u> presenti sulla mucosa dei genitali. Il virus dell'AIDS può anche passare da un individuo ad un altro in seguito all'uso promiscuo di siringhe, come avviene purtroppo

15 tra tossicodipendenti, o per contatti di altro tipo con sangue <u>infetto</u>. Il malato contagiato dal virus può però non manifestare i sintomi della malattia anche per molti anni. Il malato che ha in sé il virus inattivo si dice sieropositivo e può <u>contagiare</u> altre persone. Ad un certo punto della sua vita, in particolari circostanze, si riscontra la riduzione dei linfociti T4 nel sangue. Iniziano allora a manifestarsi i sintomi della malattia, AIDS <u>conclamata</u>.

20 A questo punto l'individuo non è più protetto nei riguardi degli agenti patogeni e quindi si trova <u>disarmato</u> contro le infezioni e contro l'attacco di altre malattie. Attualmente non esiste una vera cura per i malati di AIDS; l'unica terapia utile, per ora, è la cura a base di AZT (azidotimidina), che rallenta la duplicazione del virus e quindi riesce ad allungare il periodo di vita dell'ammalato, anche se non può portarlo alla guarigione.

(margine sinistro) 13 Il sistema immunitario

⑬ Prendere appunti

Rileggi velocemente il testo e completa la tabella.

nome della malattia	
sistema colpito dalla malattia	
sintomi	
trasmissione della malattia	
farmaci	

⑭ Fissare la terminologia medica

Il linguaggio medico è caratterizzato da espressioni idiomatiche formate da parole a gruppi che assumono un significato specifico solo se prese come insieme.
Ricostruisci le espressioni tratte dal testo dell'esercizio 12 "L'HIV, il virus dell'AIDS".

bianco - conclamata - immunitarie - immunitario - immunodeficienza - infetto - patogeno

1. sindrome da _____ acquisita

2. agente _____

3. sistema _____

4. globulo _____

5. difese _____

6. sangue _____

7. AIDS _____

note

1: Fabris, F., Mc Cormack, J., *Scienzeoggi.it. L'uomo*, Trevisin, Milano, 2002, p. 194.
2: Fabris, F., Mc Cormack, J., *Scienzeoggi.it. L'uomo*, Trevisin, Milano, 2002, p. 199.

3: ridotto da Fabris, F., Mc Cormack, J., *Scienzeoggi.it. L'uomo*, Trevisin, Milano, 2002, p. 195.

Appendice

Siti internet di argomento medico

- Enciclopedia del corpo umano online:
  www.unsitoperte.it/enciclo/default.asp

- Il sito ufficiale del Ministero della Salute:
  www.ministerosalute.it

- Il sito dell'Istituto Superiore di Sanità:
  www.iss.it

- Il sito della Società italiana di Medicina Generale:
  www.simg.it

- Sito per medici e farmacisti:
  www.medicoland.com

- Riviste specializzate online:
  www.medweb.it/riviste/index.htm

- Rivista divulgativa di medicina:
  www.corriere.it/salute

Siti di ospedali italiani

- L'Azienda Ospedaliera di Parma:
  www.ao.pr.it

- L'Azienda Ospedaliera di Milano:
  www.fbf.milano.it

- Il Policlinico Umberto I di Roma:
  www.policlinicoumberto1.it/default.asp

Glossario dei termini medici

fig. 1 - abbassalingua monouso

fig. 2 - alcool

fig. 3 - altimetro

fig. 4 - bacinella

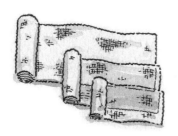

fig. 5 - bende

fig. 6 - bilancia

fig. 7 - borsa

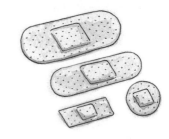

fig. 8 - cerotto

fig. 9 - cotone

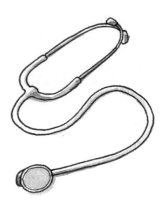

fig. 10 - stetoscopio

fig. 11 - garza sterile

Glossario dei termini medici

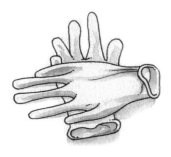

fig. 12 - **guanti monouso sterili**

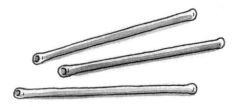

fig. 13 - **lacci di gomma**

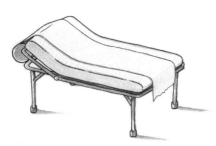

fig. 14 - **lettino**

fig. 15 - **martelletto per riflessi**

fig. 16 - **mascherina**

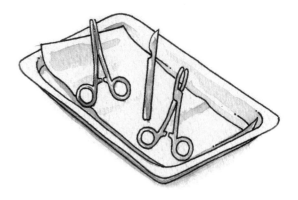

fig. 17 - **set chirurgico**

fig. 18 - **sfigmomanometro**

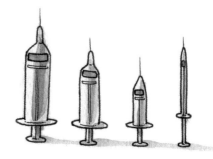

fig. 19 - **siringhe monouso**

fig. 20 - **termometro**

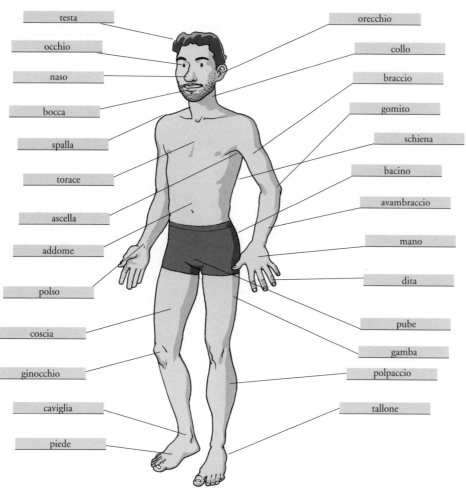

testa
occhio
naso
bocca
spalla
torace
ascella
addome
polso
coscia
ginocchio
caviglia
piede

orecchio
collo
braccio
gomito
schiena
bacino
avambraccio
mano
dita
pube
gamba
polpaccio
tallone

fig. 21 - corpo umano

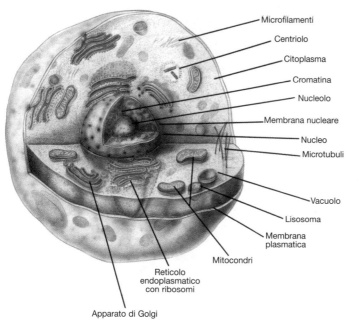

Microfilamenti
Centriolo
Citoplasma
Cromatina
Nucleolo
Membrana nucleare
Nucleo
Microtubuli

Vacuolo
Lisosoma
Membrana plasmatica
Mitocondri
Reticolo endoplasmatico con ribosomi
Apparato di Golgi

fig. 22 - cellula

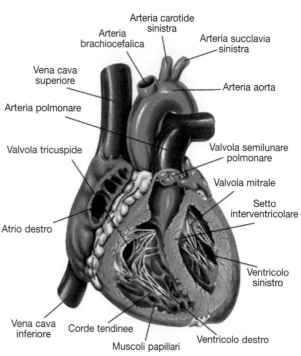

Arteria carotide sinistra
Arteria brachiocefalica
Arteria succlavia sinistra
Vena cava superiore
Arteria aorta
Arteria polmonare
Valvola semilunare polmonare
Valvola tricuspide
Valvola mitrale
Setto interventricolare
Atrio destro
Ventricolo sinistro
Vena cava inferiore
Corde tendinee
Ventricolo destro
Muscoli papillari

fig. 23 - apparato circolatorio / cuore

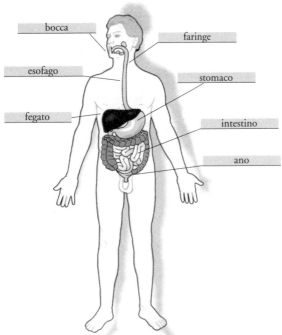

bocca
faringe
esofago
stomaco
fegato
intestino
ano

fig. 24 - apparato digerente

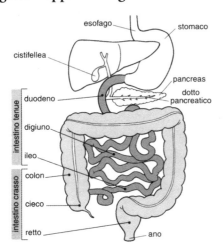

esofago
stomaco
cistifellea
pancreas
dotto pancreatico
duodeno
intestino tenue
digiuno
ileo
colon
intestino crasso
cieco
retto
ano

fig. 25 - intestino

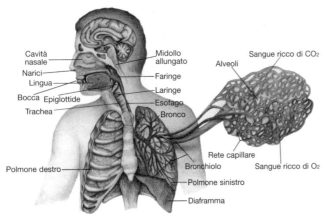

Cavità nasale
Narici
Lingua
Bocca Epiglottide
Trachea
Midollo allungato
Faringe
Laringe
Esofago
Bronco
Polmone destro
Alveoli
Sangue ricco di CO_2
Rete capillare
Bronchiolo
Polmone sinistro
Sangue ricco di O_2
Diaframma

fig. 26 - apparato respiratorio

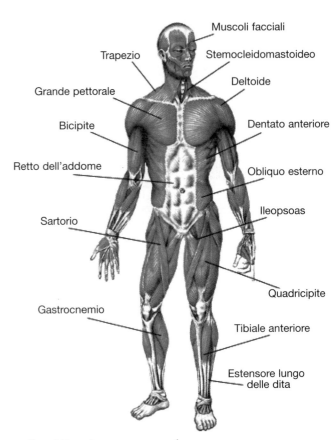

Muscoli facciali
Trapezio
Sternocleidomastoideo
Grande pettorale
Deltoide
Bicipite
Dentato anteriore
Retto dell'addome
Obliquo esterno
Ileopsoas
Sartorio
Gastrocnemio
Quadricipite
Tibiale anteriore
Estensore lungo delle dita

fig. 27 - sistema muscolare

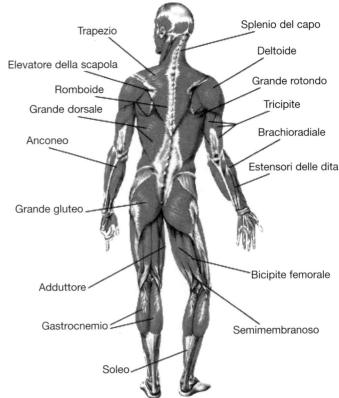

Trapezio
Splenio del capo
Elevatore della scapola
Deltoide
Romboide
Grande rotondo
Grande dorsale
Tricipite
Anconeo
Brachioradiale
Estensori delle dita
Grande gluteo
Adduttore
Bicipite femorale
Gastrocnemio
Semimembranoso
Soleo

fig. 28 - sistema muscolare

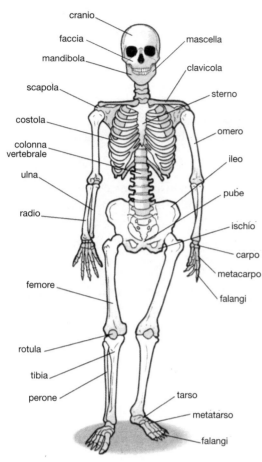

cranio
faccia
mandibola
scapola
costola
colonna vertebrale
ulna
radio
femore
rotula
tibia
perone

mascella
clavicola
sterno
omero
ileo
pube
ischio
carpo
metacarpo
falangi
tarso
metatarso
falangi

fig. 29 - sistema scheletrico / scheletro

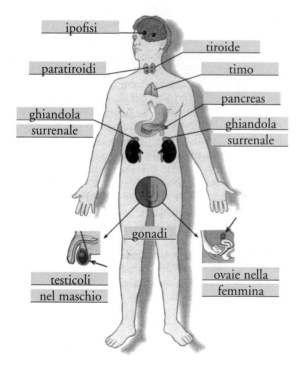

ipofisi
paratiroidi
ghiandola surrenale
gonadi
testicoli nel maschio

tiroide
timo
pancreas
ghiandola surrenale
ovaie nella femmina

fig. 30 - sistema endocrino

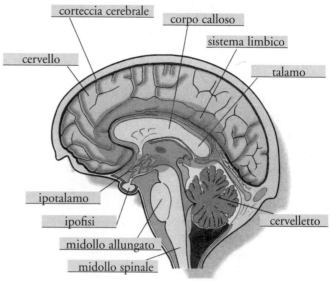

corteccia cerebrale
corpo calloso
sistema limbico
cervello
talamo
ipotalamo
ipofisi
midollo allungato
midollo spinale
cervelletto

fig. 31 - sistema nervoso / encefalo

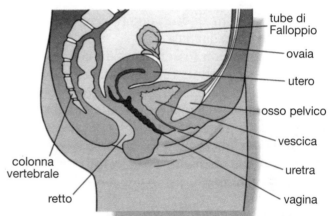

tube di Falloppio
ovaia
utero
osso pelvico
vescica
uretra
vagina
colonna vertebrale
retto

fig. 32 - apparato uro-genitale femminile

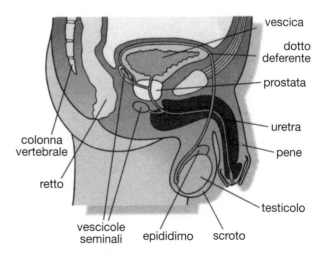

vescica
dotto deferente
prostata
uretra
pene
colonna vertebrale
retto
testicolo
vescicole seminali
epididimo
scroto

fig. 33 - apparato uro-genitale maschile

Glossario dei termini medici

abbassalingua monouso: fig. 1

abduttore: muscolo che permette di fare un movimento di allontanamento di due ossa

abduzione: movimento di allontanamento di due ossa

abrasione: ferita, lacerazione

addome: fig. 21

adduttore: muscolo che permette di fare un movimento di avvicinamento di due ossa

adduzione: movimento di avvicinamento di due ossa

adrenalina: neurotrasmettitore della sinapsi

afasia: perdita della capacità di parlare o di comprendere le parole

AIDS: sindrome da immunodeficienza acquisita

alcool: fig. 2

aldosterone: ormone che regola l'equilibrio salino e interviene nel controllo dell'escrezione dell'acqua

allergia: ipersensibilità di un organismo verso determinate sostanze

altimetro: fig. 3

alveolo: fig. 26

amilasi: enzima che attacca gli amidi

amminoacidi: componenti delle proteine

amniocentesi: un tipo di esame che si fa tra il 3° e il 4° mese di gravidanza

anconeo: fig. 28

anemia: diminuzione nel sangue del contenuto di emoglobina o di globuli rossi o di entrambi

ano: fig. 24

anticorpi: organismi di difesa

antigene: sostanza in grado di stimolare la produzione di anticorpi

apatia: stato di indifferenza verso il mondo circostante

apparato circolatorio: fig. 23

apparato digerente: fig. 24

apparato di Golgi: fig. 22

apparato genitale: fig. 32 e fig. 33

apparato respiratorio: fig. 26

apparato urinario: fig. 32 e fig. 33

arteria aorta: fig. 23

arteria brachiocefalica: fig. 23

arteria carotide sinistra: fig. 23

arteria polmonare: fig. 23

arteria succlavia sinistra: fig. 23

arteriosclerosi: malattia delle arterie

articolazione: mezzo di unione fra due ossa

ascella: fig. 21

asma: forma patologica che causa difficoltà nel respiro

atrio destro/sinistro: fig. 23

atrofia: ridotto sviluppo o diminuzione di volume di un organo o di un tessuto

autopsia: sezione ed esame di un cadavere

avambraccio: fig. 21

azione antiputrida: azione che impedisce la decomposizione delle sostanze organiche

bacinella: fig. 4

bacino: fig. 21

batterio: microrganismo unicellulare che è caratterizzato dall'assenza di un nucleo

bende: fig. 5

bicipite: fig. 27

bicipite femorale: fig 28

bilancia: fig. 6

bile: liquido giallo-verdastro prodotto dal fegato che partecipa alla digestione dei grassi

bocca: fig. 21

borsa: fig. 7

braccio: fig. 21

brachioradiale: fig. 28

bronchiolo: fig. 26

bronchite: infiammazione dei bronchi

bronco: fig. 26

calcitonina: ormone prodotto dalla tiroide che favorisce la fissazione del calcio nel tessuto osseo

cardiaco: che riguarda il cuore

carenza: mancanza

carpo: fig. 29

catarro: sostanza prodotta dalle mucose in seguito a fenomeni infiammatori

caviglia: fig. 21

cavità nasale: fig. 26

cellula: la più piccola unità di sostanza vivente

centriolo: fig. 22

cerotto: fig. 8

cervelletto: fig. 31

cervello: fig. 31

chimo: materiale alimentare contenuto nello stomaco dopo la digestione

cieco: fig. 25

cinto scapolare: l'insieme di clavicola e scapola

circolazione sanguigna: il percorso del sangue dai tessuti al cuore e viceversa

cistifellea: fig. 25

citoplasma: fig. 22

clavicola: fig. 29

coagulazione: fenomeno che impedisce la fuoriuscita continua di sangue in caso di rottura dei vasi

codice genetico: l'insieme delle informazioni racchiuse nella struttura molecolare del DNA e dell'RNA

cognitivo: che riguarda la cognizione cioè la percezione, il linguaggio, il pensiero e l'intelligenza

collo: fig. 21

colon: fig. 25

colonna vertebrale: fig. 29

colpo della frusta: trauma frequente negli incidenti automobilistici, dovuto al brusco movimento del capo, indietro e avanti

componente cellulare: composizione delle cellule

conclamata: evidente

contagiare: trasmettere la malattia ad altre persone

contusione: gonfiore doloroso dovuto a versamento di sangue

corde tendinee: fig. 23

corpo calloso: fig. 31

corteccia cerebrale: fig. 31

cortisone: ormone che ha un'azione antinfiammatoria e di regolazione del metabolismo

coscia: fig. 21

costola: fig. 29

cotone: fig. 9

crampo: contrazione muscolare involontaria

cranio: fig. 29

cromatina: fig. 22

cuore: fig. 23

decomposizione: distruzione

delirio: alterazione dello stato di coscienza con allucinazioni e agitazione motoria

deltoide: fig. 27 e fig. 28

demenza: infermità mentale

dendriti: prolungamenti del neurone

dentato anteriore: fig. 27

diabete: malattia del ricambio dovuta a insufficiente secrezione di insulina

diabete mellito: malattia caratterizzata da iperglicemia e da ridotta capacità delle cellule di utilizzare il glucosio

diaframma: fig. 26

diagnosi: definizione di una malattia attraverso i segni, i sintomi e gli esami di laboratorio

digiuno: fig. 25

disarticolato: staccato, allontanato

disidratazione: perdita di acqua o liquidi da parte delle cellule

disorientamento: incapacità di orientarsi nel tempo o nello spazio

dita: fig. 21

dotto deferente: fig. 33

dotto pancreatico: fig. 25

duodeno: fig. 25

ecocardiografia: tecnica di controllo del cuore attraverso gli ultrasuoni

elettrocardiografo: strumento che serve per controllare l'attività elettrica del cuore

elettrocardiogramma (ECG): il risultato dell'esame fatto con l'elettrocardiografo

elettroencefalografia: tecnica che permette di registrare l'attività bioelettrica del cervello

elettroencefalogramma (EEG): il risultato dell'esame fatto con l'elettroencefalografia

elevatore della scapola: fig. 28

embrione: il prodotto del concepimento fino al 3° mese di gravidanza

emoglobina: pigmento di colore rosso, indispensabile per il trasposto dell'ossigeno

emorragia: perdita di sangue

emulsionare: sciogliere

encefalo: fig. 31

endemico: si dice di malattia infettiva costantemente presente in un determinato territorio

enfisema: infiltrazione di gas in un organo o in un tessuto

enzima: tipo di proteina

epidemia: diffusione di una malattia

epididimo: fig. 33

epiglottide: fig. 26

erepsina: enzima che trasforma le proteine in amminoacidi

esame: analisi

esame emocromocitometrico: esame che controlla forma, numero e dimensioni delle cellule del sangue e i fattori di coagulazione

escrezione: eliminazione

esofago: fig. 24

espirazione: l'uscita dell'aria dai polmoni

estensione: movimento di allontanamento di due ossa e di piegamento

estensore: muscolo che permette di fare un movimento di allontanamento di due ossa e di piegamento

estensore lungo delle dita: fig 27

estensori delle dita: fig. 28

faccia: fig. 29

falangi: fig. 29

faringe: fig. 24 e fig. 26

farmaco: medicinale

fattori della coagulazione: ad es. le piastrine

fegato: fig. 24

femore: fig. 29

feto: nome che assume l'embrione dopo il 3° mese di gravidanza

filamento: elemento di struttura allungata, sottile

flessione: movimento di avvicinamento di due ossa e di piegamento

flessore: muscolo che permette di fare un movimento di avvicinamento di due ossa e di piegamento

flora intestinale: insieme di batteri dell'intestino

fluido: sostanza liquida, non solida (es. acqua)

fonendoscopio: strumento che amplifica i rumori emessi dal cuore

formula leucocitaria: indica le percentuali dei tipi di leucociti sul totale

frattura: rottura di un osso

gamba: fig. 21

gamete: ciascuna delle cellule sessuali maschili o femminili in grado di riprodursi e dar vita ad un nuovo organismo

garza sterile: fig. 11

gastrocnemio: fig. 27 e fig. 28

germe: batterio, virus

ghiandola: organo che produce sostanze utili all'organismo o che elimina quelle dannose

ginocchio: fig. 21

glicemia: quantità di glucosio contenuta nel sangue

glicogeno: derivato dal glucosio che si accumula nel fegato e nei muscoli come materiale energetico di riserva

globuli rossi: cellule del sangue senza nucleo, che non si riproducono

glucagone: ormone che fa aumentare la concentrazione di glucosio nel sangue

glucosio: tipo di zucchero

gomito: fig. 21

gonadi: fig. 30

gonfiore: ingrossamento, aumento patologico del volume di un organo

grande dorsale: fig. 28

grande gluteo: fig. 28

grande pettorale: fig. 27

grande rotondo: fig. 28

granulociti: cellule con funzione di difesa contro i germi

guanti monouso sterili: fig. 12

ileo: fig. 25 e fig. 29

ileopsoas: fig. 27

infarto: lesione di un organo, dovuta a interruzione della circolazione locale del sangue

infettivo: che si può trasmettere ad altre persone

infezione: aggressione di batterio, virus o altro microrganismo con provocazione di processo infiammatorio

infiammazione: flogosi, processo di reazione dei tessuti ad agenti patogeni caratterizzato da dolore, calore, arrossamento, gonfiore della parte lesa e riduzione delle sue funzioni

inspirazione: l'ingresso dell'aria nelle vie aeree

insulina: ormone che fa diminuire la concentrazione di glucosio nel sangue

intestino: fig. 24 e fig. 25

intestino crasso: fig. 25

intestino tenue: fig. 25

ipertiroidismo: eccessiva attività della ghiandola tiroide

ipofisi: fig. 30

ipotalamo: fig. 31

ipotiroidismo: sindrome causata da insufficiente funzionamento della tiroide

irritante: che irrita, che provoca infiammazione

irrorazione sanguigna: scorrimento, passaggio del sangue

ischio: fig. 29

Isole di Langerhans: ghiandole situate nel pancreas

lacci di gomma: fig. 13

laringe: fig. 26

lattasi: enzima che scinde il lattosio in glucosio e galattosio

lesione dei legamenti: rottura dei tessuti che tengono unita un'articolazione

lettino: fig. 14

leucociti: in generale globuli bianchi

linfociti: tipo di globuli bianchi fondamentali nei meccanismi di difesa immunitaria

lingua: fig. 26

lipasi: enzima che attacca i grassi

lisosoma: fig. 22

lussazione: trauma delle ossa dovuto ad allontanamento delle articolazioni

malformazione: anormale conformazione di un organismo o di una sua parte

maltasi: enzima che attacca il maltosio e lo trasforma in glucosio

mandibola: fig. 29

mano: fig. 21

martelletto per riflessi: fig. 15

mascella: fig. 29

mascherina: fig. 16

membrana: rivestimento, strato sottile di tessuto che avvolge organi o parti di organi

membrana plasmatica: fig. 22

metabolismo: ricambio energetico

metacarpo: fig. 29

metatarso: fig. 29

microfilamenti: fig. 22

microtubuli: fig. 22

midollo allungato: fig. 26 e fig. 31

midollo spinale: fig. 31

mielina: sostanza che ricopre il neurite

milza: organo che serve a eliminare i globuli rossi invecchiati e a produrre i globuli bianchi

mitocondri: fig. 22

molecola: insieme di atomi

monociti: tipo di globuli bianchi che distruggono batteri e sostanze dannose

muco: liquido prodotto dalle ghiandole e dalle cellule mucipare allo scopo di proteggere le mucose

muscolatura: insieme di tutti i muscoli

muscoli facciali: fig. 27

muscoli papillari: fig. 23

narici: fig. 26

naso: fig. 21

neurite: prolungamento del neurone

neurone: unità di base del sistema nervoso

neurotrasmettitore: mediatore chimico della trasmissione nervosa in corrispondenza delle sinapsi

noradrenalina: neurotrasmettitore della sinapsi

nucleo: parte centrale della cellula, circondata da una membrana. Controlla la maggior parte delle attività cellulari grazie alla presenza del DNA (vedi fig. 22)

nucleolo: fig. 22

obliquo esterno: fig. 27

occhio: fig. 21

omeostasi: la capacità degli organismi di mantenere un equilibrio stabile, nonostante il variare delle condizioni esterne

omero: fig. 29

orecchio: fig. 21

ormone: il prodotto delle ghiandole

osso pelvico: fig. 32

ovaia: fig. 32

pancreas: fig. 25

paratiroidi: fig. 30

paratormone: ormone prodotto dalle paratiroidi che regola il metabolismo del calcio

patogeno: capace di provocare una malattia

pene: fig. 33

perone: fig. 29

piastrine: frammenti di cellule del midollo osseo

piede: fig. 21

pigmento: colore

plasma: sostanza liquida formata per il 90% di acqua

polmone destro/sinistro: fig. 26

polpaccio: fig. 21

polso: fig. 21

predisposizione congenita: particolare tendenza, inclinazione a contrarre determinate malattie

principi alimentari: sostanze di base degli alimenti

prostata: fig. 33

proteina: sostanza organica composta da amminoacidi

pube: fig. 21 e fig. 29

quadricipite: fig. 27

radio: fig. 29

radiografia: lastra, esame medico fatto con i raggi X

rene: organo che filtra il sangue "sporco"

respirazione: lo scambio di ossigeno e anidride carbonica negli alveoli

rete capillare: fig. 26

reticolo endoplasmatico con ribosomi: fig. 22

retto: fig. 25

retto dell'addome: fig. 27

ribosoma: particella cellulare prodotta dal nucleolo

ricomporre: rimettere a posto, rimettere insieme

ridotto: trasformato

rilevazione del battito cardiaco: tecnica di controllo "manuale" dell'attività del cuore

romboide: fig. 28

rosolia: malattia infettiva e contagiosa che si manifesta con piccole macchie rosse sulla pelle

rotatore: muscolo che permette di fare un movimento di rotazione di due ossa

rotazione: movimento circolare di due ossa

rotula: fig. 29

saccarasi: enzima che scinde il saccarosio in fruttosio e glucosio

sangue: tessuto fluido di colore rosso

sartorio: fig. 27

Glossario dei termini medici

scapola: fig. 29

scheletro: fig. 29

schiena: fig. 21

scindere: dividere

scintigrafia: tecnica fotografica di controllo del cuore

scroto: fig. 33

secernere: produrre

semimembranoso: fig 28

set chirurgico: fig. 17

setto interventricolare: fig. 23

sfigmomanometro: fig. 18

sinapsi: collegamento fra due fibre nervose, che assicura la trasmissione dell'impulso nervoso

sintomo: il segno della malattia

siringhe monouso: fig. 19

sistema endocrino: fig. 30

sistema immunitario: il sistema di difesa del corpo contro le malattie

sistema limbico: fig. 31

sistema muscolare: fig. 27 e fig. 28

sistema nervoso: fig. 31

sistema nervoso centrale (SNC): la zona formata da encefalo e midollo spinale

sistema nervoso periferico (SNP): la zona formata dai nervi cranici e dai nervi spinali

sistema scheletrico: fig. 29

soleo: fig. 28

spalla: fig. 21

splenio del capo: fig. 28

stenosato: ristretto

sterno: fig. 29

sternocleidomastoideo: fig. 27

stetoscopio: fig. 10

stiramento: lesione dei legamenti dovuta all'allontanamento delle estremità di un'articolazione

stomaco: fig. 24

strappo: rottura delle fibre di un muscolo

succo pancreatico: liquido basico ricco di enzimi digestivi

surrenale (ghiandola): fig. 30

tachicardia: battito cardiaco accelerato

talamo: fig. 31

tallone: fig. 21

tarso: fig. 29

terapia: come si cura una malattia

termometro: fig. 20

tessuto: insieme di cellule che svolgono la stessa funzione

testa: fig. 21

testicolo: fig. 33

tibia: fig. 29

tibiale anteriore: fig. 27

timo: fig. 30

tiroide: fig. 30

tiroxina: ormone prodotto dalla tiroide che controlla tra le altre cose il ricambio energetico

torace: fig. 21

tosse: espirazione forzata e rumorosa che ha lo scopo di eliminare catarro o corpi estranei dalle vie respiratorie

tossine: sostanze dannose per l'organismo

toxoplasmosi: infezione parassitaria

trachea: fig. 26

trapezio: fig. 27 e fig. 28

trauma: lesione determinata da cause violente

tricipite: fig. 28

tripsina: enzima che attacca le proteine

troncone: parte

tube di Falloppio: fig. 32

ulna: fig. 29

uretere: il canale che porta alla vescica urinaria

uretra: fig. 32 e fig. 33

utero: fig. 32

vaccinazione: protezione contro le malattie virali

vacuolo: fig. 22

vagina: fig. 32

valvola mitrale: fig. 23

valvola semilunare polmonare: fig. 23

valvola tricuspide: fig. 23

vena cava inferiore/superiore: fig. 23

ventricolo destro/sinistro: fig. 23

vertebre: le 34 ossa che costituiscono la colonna vertebrale

VES (velocità di eritrosedimentazione): esame che rivela infiammazione o infezione in atto

vescica: fig. 32 e fig. 33

vescicole seminali: fig. 33

vie aeree: laringe, trachea e bronchi

villocentesi un tipo di esame che si fa partire dalla 9ª settimana di gravidanza

virus: ogni agente patogeno di una malattia infettiva

Soluzioni degli esercizi

1. L'ospedale

1. Ipotizzare a) - 1. Emergenza e urgenza;
5. Geriatrico e riabilitativo; 6. Pneumologico;
7. Chirurgico; 8. Osteo-articolare; 9. Testa-collo; 10. Neuroscienze; 11. Cuore; 12. Materno-infantile; 13. Radiologia e diagnostica per immagini.
Ipotizzare b) -1/8. Osteo-articolare (Ortopedia); 2/11. Cuore (Cardiologia); 3/7. Chirurgico (Dermatologia); 4/12. Materno-infantile (Ostetricia e ginecologia); 5/9. Testa-collo (Odontostomatologia); 6/9. Testa-collo (Oculistica); 7/5 Geriatrico e riabilitativo (Geriatria); 8/10 Neuroscienze (Psichiatria).

2. Gli strumenti del medico

1. Comprendere la terminologia medica - 1. borsa;
2. stetoscopio; 3. sfigmomanometro;
4. lacci di gomma; 5. abbassalingua monouso;
6. set chirurgico; 7. termometro; 8. martelletto per riflessi; 9. guanti monouso sterili;
10. siringhe monouso; 11. cerotti; 12. bende;
13. garza sterile; 14. alcool; 15. cotone;
16. bacinella; 17. lettino; 18. bilancia;
19. altimetro; 20. mascherina.

3. Il corpo umano

1. Comprendere la terminologia medica - 1. testa;
2. occhio; 3. naso; 4. bocca; 5. spalla; 6. torace;
7. addome; 8. polso; 9. coscia; 10. ginocchio;
11. caviglia; 12. piede; 13. orecchio; 14. collo;
15. braccio; 16. gomito; 17. schiena; 18. bacino;
19. avambraccio; 20. mano; 21. dita; 22. pube;
23. gamba; 24. tallone.

4. La cellula

1. Ipotizzare - b.
4. Colpo d'occhio - microfilamenti; centriolo; citoplasma; microtubuli; vacuolo; lisosoma; mitocondri; reticolo endoplasmatico (con ribosomi); apparato di Golgi.
5. Comprendere la terminologia medica - "La membrana plasmatica permette a materiali utili, come l'ossigeno e i nutrienti, di entrare e ai prodotti di rifiuto, come l'acqua in eccesso, di uscire e, in questo modo, consente alla cellula di mantenere una <u>omeostasi</u> interna."
6. Fissare la terminologia medica -
1/i; 2/d; 3/g; 4/b; 5/h; 6/e; 7/c; 8/f; 9/a.

5. L'apparato circolatorio

1. Ipotizzare - c. La doppia circolazione sanguigna nell'uomo.
3. Schematizzare - 1. Circolazione venosa;
2. Circolazione arteriosa.
4. Comprendere la terminologia medica - a. capillari;
b. arteria; c. vena; d. alveoli polmonari; e. polmoni;
f. circolazione arteriosa; g. biossido di carbonio;
h. ossigeno.
5. Ipotizzare - 1. Rilevazione del battito cardiaco;
2. Fonendoscopio; 3. Elettrocardiogramma;
5. Ecocardiografia; 8. Scintigrafia.
7. Comprendere la terminologia medica - 1/e; 2/a;
3/b; 4/c; 5/f; 6/d.
8. Occhio alla lingua! - Elettrocardiografo = strumento che serve per controllare l'attività elettrica del cuore; Elettrocardiogramma = il risultato, il grafico ottenuto con l'elettrocardiografo; Ecocardiografia = metodo di indagine, tecnica diagnostica basata sull'impiego degli ultrasuoni, utilizzata per accertare lesioni cardiache o vascolari; Scintigrafia = metodo di indagine, tecnica di controllo del cuore, attraverso la registrazione della distribuzione della radioattività.
9. Fissare la terminologia medica - 1. apparato circolatorio; 2. battito cardiaco; 3. stato patologico;
4. parete toracica.
10. Ipotizzare - Il testo tratterà del sangue.
13. Capire - 1. falso/riga 1; 2. falso/riga 4.
3. vero/riga 5; 4. vero/righe 8-9; 5. vero/righe 12-16;
6. vero/riga 17; 7. vero/righe 19-21.

14. Capire - 1. **Milza** = "I globuli rossi …vivono da 90 a 120 giorni e quando invecchiano e muoiono vengono eliminati dalla milza…";
2. **Midollo spinale** = "Le cellule del sangue sono i globuli rossi, i globuli bianchi e le piastrine. Tutte queste cellule traggono origine dal midollo spinale."

15. Comprendere la terminologia medica - 1/c; 2/a; 3/i; 4/b; 5/f; 6/d; 7/h; 8/e; 9/g.

16. Cruciverba -

17. Ipotizzare - a. I valori normali delle analisi del sangue.

20. Capire - Esame emocromocitometrico: Globuli bianchi (GB) 7500; Globuli rossi (GR) 5.200.000; Emoglobina (HB) 149; Ematocrito (HT) 48; Valore cellulare medio (VCM) 92; Piastrine (PLT) 280.000.

21. Comprendere la terminologia medica -
1. L'esame emocromocitometrico, la VES e l'ematocrito. 2. L'esame emocromocitometrico; 3. Le percentuali dei tipi di leucociti sul totale; 4. La VES.

22. In altri termini - 2. Importante è anche la conoscenza della formula leucocitaria, cioè le percentuali dei tipi di leucociti sul totale;
3. … qualsiasi aumento del valore normale è indizio di una infiammazione o infezione in atto.

23. Diagnosticare - GR 3900000; HB 10,2; HT 35; FE 30; FERRIT 20.

25. Schematizzare - **sangue povero di ossigeno:** vene polmonari ⇒ atrio destro ⇒ valvola tricuspide ⇒ ventricolo destro ⇒ valvola

polmonare ⇒ circolazione polmonare; **sangue ricco di ossigeno:** vene polmonari ⇒ atrio sinistro ⇒ valvola mitrale ⇒ ventricolo sinistro ⇒ valvola aortica ⇒ aorta.

26. Fissare la terminologia medica - La soluzione è a pag. 27.

28. Prendere appunti - **nome della malattia:** arteriosclerosi; **organi colpiti dalla malattia:** arterie; **sintomi:** all'inizio i sintomi non si avvertono, poi improvvisamente la malattia si manifesta sotto forma di angina pectoris, di infarto cardiaco, di ictus cerebrale o di arteriopatia periferica obliterante; **cause:** depositi di grasso, indurimenti e calcificazioni nelle pareti vasali; **farmaci:** antiaggreganti, ipoliepimizzanti e/o antipertensivi.

29. Comprendere la terminologia medica -
b. patologia; c. quantità, accumulo di grasso
d. deposizioni di calcio sulle pareti dei vasi;
e. il segno della malattia; f. fase successiva;
g. come si cura la malattia; h. farmaci che impediscono al sangue di aggregarsi; i. farmaci che abbassano il livello dei lipidi nel sangue;
l. farmaci contro l'ipertensione; m. il peggioramento della malattia.

30. Fissare la terminologia medica - 1/b. Un'arteria senza depositi di grasso; 2/a. Un vaso sanguigno stenosato; 3/c. Un vaso sanguigno con placche arteriosclerotiche.

31. Fissare la terminologia medica - 2. vasi;
3. complicazioni; 4. antiaggreganti, antipertensivi.

6. L'apparato digerente

1. Comprendere la terminologia medica - 1. bocca;
2. faringe; 3. esofago; 4. stomaco; 5. intestino;
6. ano.

2. Ipotizzare - 3. digestione.

3. Indovinare - 2. stomaco; 3. faringe;
4. intestino.

4. Comprendere la terminologia medica - a/2; b/3; c/1; d/4.

6. Comprendere la terminologia medica -
1. stomaco; 2. pancreas; 3. dotto pancreatico;
4. duodeno.

7. Comprendere la terminologia medica - 1/b; 2/e; 3/a; 4/c; 5/f; 6/g; 7/d.

8. Capire - **1. Maltasi** = "…la maltasi, che agisce

sul maltosio trasformandolo in due molecole di glucosio…"; **2. Lipasi** = "…la lipasi pancreatica, che attacca i grassi (lipidi) scindendoli."

9. Anagramma - 2. maltasi; 3. lipasi; 4. tripsina; 5. stomaco; 6. duodeno; 7. pancreas.

12. Prendere appunti - **nome della ghiandola:** fegato; **funzioni:** interviene nella digestione, funziona come deposito di vitamine A e D, regola la glicemia; **sostanze prodotte:** bile.

13. Fissare la terminologia medica - cistifellea; emulsionare; grassi; enzimi; intestino.

14. Indovinare - 2. bile; 3. cistifellea; 4. intestino.

17. Colpo d'occhio - cistifellea, colon, cieco, esofago, dotto pancreatico.

18. Fissare la terminologia medica - 1. intestino tenue; 2. ghiandole intestinali; 3. succo enterico; 4. acidi grassi; 5. principi alimentari; 6. flora intestinale.

19. Cruciverba -

20. Occhio alla lingua! - a) 2. amido; 3. lipidi; 4. saccarosio; 5. lattosio; b) 1.

7. L'apparato respiratorio

1. Ipotizzare - a: inspirazione; b. espirazione; c. alveolo polmonare; d. bronchiolo.

3. Schematizzare - L'apparato respiratorio è formato da ⇒ 1. **due polmoni**; 2. vie aeree: a. **laringe**, b. **trachea**, c. **bronchi**; 3. **muscoli**

respiratori. Il percorso dell'aria ⇒ **1. bocca** o naso, 2. faringe, 3. **epiglottide**, 4. **laringe**, 5. **trachea**, 6. bronchi, 7. **alveoli**. Negli alveoli avviene la respirazione, cioè lo scambio di ⇒ 1. **ossigeno** e 2. **anidride carbonica**. L'entrata dell'aria nelle vie respiratorie si chiama ⇒ **inspirazione**. L'uscita dell'aria dai polmoni si chiama ⇒ **espirazione**. Il percorso del sangue ossigenato ⇒ 1. polmoni, 2. **cuore**, 3. **cellule**.

4. Capire - 1. "L'epiglottide chiude la laringe durante la deglutizione per impedire che il cibo entri nelle vie respiratorie." 2. "L'aria entra … nella laringe, detta organo della fonazione per la presenza delle corde vocali."

5. Qual è l'intruso? - 1. duodeno; 2. stomaco; 3. fegato; 4. vasi sanguigni.

6. Memorizzare - La soluzione è a pag. 44.

7. Fissare la terminologia medica - 2. la; 3. la; 4. la; 5. il; 6. le; 7. i; 8. i; 9. gli; 10. la; 11. l'; 12. l'; 13. gli; 14. il; 15. la.

8. Cruciverba -

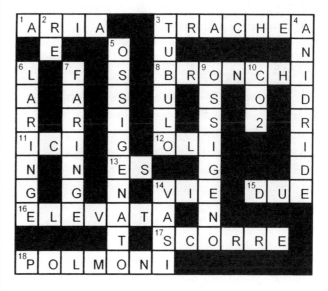

9. Ipotizzare - enfisema, bronchite, asma, tosse.

10. Diagnosticare - n° 3, n° 8, n° 5, n° 9, n° 4, n° 11, n° 2, n° 7, n° 6, n° 10, n° 1, n° 12.
Il paziente soffre di: asma.

12. Prendere appunti - **nome della malattia:** asma bronchiale; **organi colpiti dalla malattia:** apparato respiratorio, in particolare i bronchi; **sintomi:** mancanza di respiro, tosse, difficoltà a far fuoriuscire il catarro o il muco che si forma nei bronchi, respiro sibilante; **cause:** predisposizione congenita, polveri, fumo, pollini, acari, peli di gatto o cane, sostanze chimiche; **prevenzione:** igiene dell'ambiente, eliminazione dei fattori che scatenano le allergie e del fumo.

13. Capire - 1. falso; 2. vero; 3. vero; 4. falso; 5. vero;

14. Comprendere la terminologia medica - 1. tosse; 2. catarro; 3. muco; 4. predisposizione congenita; 5. irritante; 6. allergie; 7. acari.

15. Occhio alla lingua! - 1.

16. Fissare la terminologia medica - respiratorio, affetta, bronchi, bronchioli, espirazione, muco, bronchi, predisposizione, irritanti, allergie, cura, allergie, diagnosi, sintomi.

8. Il sistema muscolare

2. Capire - a. flessione; b. rotazione; c. estensione; d. abduzione; e. adduzione.

3. Ipotizzare - 1. muscoli anteriori; 2. muscoli posteriori.

4. Chi è l'intruso? - 1. esofago; 2. colon; 3. femore; 4. polmone.

5. Anagramma - 1. quadricipite; 2. sartorio; 3. bicipite; 4. deltoide; 5. trapezio.

6. Indovinare - 2. tricipite; 3. adduttore; 4. romboide.

7. Colpo d'occhio - Bicipite/Trapezio; Tibiale anteriore/Retto dell'addome; Dentato anteriore/Deltoide.

8. Memorizzare - La soluzione è a pag. 53.

11. Comprendere la terminologia medica - 1. stiramento; 2. contusione; 3. strappo muscolare; 4. crampo.

12. Ipotizzare - a) La contrazione di un muscolo; b) Il crampo.

13. Fissare la terminologia medica - muscolatura, traumi, urti, crampi, irrorazione sanguigna, strappi, brusco, stiramento, lesione, contusioni, gonfiori.

14. Diagnosticare - h, b, e, q, i, c, f, g, l, d, o, m, p, a, n.

Il paziente soffre di: uno stiramento.

15. Occhio alla lingua! - a) flessione, contusione, lesione. b) 1.

9. Il sistema scheletrico

1. Ipotizzare - **è un osso dello scheletro:** la tibia, il cranio, la vertebra, lo sterno, l'omero, la scapola, il femore; **non è un osso dello scheletro:** il fegato, il deltoide, il bicipite, l'addome.

4. Capire - 1. Lo scheletro è formato da 206 ossa. 2. La testa è formata dal cranio e dalla faccia. 3. La faccia comprende le mascelle, le mandibole e altre ossa minori. 4. Le 34 vertebre formano la colonna vertebrale. 5. Il midollo spinale è contenuto nel canale vertebrale. 6. Le costole si collegano allo sterno. 7. Il cinto scapolare è formato dalla clavicola e dalla scapola. 8. Il bacino è formato dall'ileo, dall'ischio e dal pube.

5. Comprendere la terminologia medica - 1. **Midollo:** "…il canale vertebrale, che ospita il midollo spinale." 2. **Gabbia toracica:** "…sterno e costole formano la gabbia toracica, che protegge i polmoni e il cuore." 3. **Canale vertebrale:** "…i fori sovrapposti di tutte le vertebre della colonna vertebrale originano il canale vertebrale…"

6. Fissare la terminologia medica - La soluzione è a pag. 61.

9. Capire - 1. lussazione; 2. trauma da "colpo della frusta"; 3. frattura.

10. Comprendere la terminologia medica - 1/c; 2/m; 3/i; 4/b; 5/a; 6/l; 7/e; 8/g; 9/h; 10/f; 11/d.

11. Cruciverba -

10. Il sistema endocrino

1. Ipotizzare - 1/a; 2/b.

2. Comprendere la terminologia medica -
1. paratiroidi; 2. ghiandola surrenale; 3. gonadi
(testicoli nel maschio); 4. tiroide; 5. timo;
6. pancreas; 7. ghiandola surrenale; 8. gonadi
(ovaie nella femmina).

3. Ipotizzare - ipertiroidismo, diabete,
ipotiroidismo.

5. Schematizzare -

Sistema endocrino		
ghiandola	**ormoni prodotti**	**funzione degli ormoni prodotti**
ipofisi	*ormone della crescita,* ⟹	*stimola l'accrescimento corporeo*
	ormone di controllo della secrezione dell'acqua, ⟹	*controlla l'escrezione liquida dei reni*
	ormone dello sviluppo delle ghiandole sessuali ⟹	*stimola lo sviluppo delle ghiandole sessuali*
tiroide	*tiroxina* ⟹	*regola in particolare il ricambio energetico, lo sviluppo delle ossa, il metabolismo della pelle e l'attività delle cellule nervose*
	calcitonina ⟹	*favorisce la fissazione del calcio nel tessuto osseo*
paratiroidi	*paratormone* ⟹	*regola il metabolismo del calcio*
timo	*timosina e timoserina* ⟹	*stimola la maturazione dei linfociti T per la difesa contro le infezioni*
isole di Langerhans	*insulina e glucagone* ⟹	*regolano il tasso di glucosio nel sangue*
zona corticale esterna	*aldosterone* ⟹	*regola l'equilibrio salino e interviene nel controllo dell'escrezione dell'acqua*
	cortisone ⟹	*ha un'azione antinfiammatoria e di regolazione del metabolismo*
zona midollare interna	*adrenalina e noradrenalina* ⟹	*intervengono nelle situazioni di emergenza o di stress, provocando un aumento della frequenza cardiaca*
gonadi	*testosterone* ⟹	*producono i gameti, secernono gli ormoni che determinano i caratteri sessuali*

6. Comprendere la terminologia medica - 2.
secerne; 3. ormone; 4. escrezione; 5. metabolismo;
6. neurotrasmettitore; 7. sinapsi; 8. gamete.

7. Comprendere la terminologia medica - 1/d; 2/f;
3/a; 4/g; 5/c; 6/b; 7/e; 8/i; 9/h.

8. Fissare la terminologia medica - 1. ipofisi; 2.
paratiroidi; 3. ghiandola surrenale; 4. gonadi
(testicoli nel maschio); 5. tiroide; 6. timo; 7.
pancreas; 8. ghiandola surrenale; 9. gonadi (ovaie
nella femmina).

9. Fissare la terminologia medica - 1/b; 2/a; 3/c;
4/d; 5/f; 6/e.

10. Diagnosticare - 3, 9, 1, 11, 4, 13, 5, 8, 7, 10,
6, 12, 2. *La paziente soffre di:* ipertiroidismo.

11. Ipotizzare - a) glicemia. b) Glic. c) 2. Il
pancreas.

14. Capire - falso/righe 1-2; falso/righe 5-6;
3. vero/righe 6-7; 4. vero/righe 8-9; 5. vero/riga
10; 6. falso/righe 13-16.

15. Capire - "Il glucagone stimola l'idrolisi del
glicogeno, ne facilita la liberazione nel sangue e
porta a un aumento della glicemia. L'insulina
stimola l'accumulo del glucosio nelle cellule
come glicogeno e determina un abbassamento
della glicemia."

17. Diagnosticare - 3, 7, 1, 9, 5, 8, 2, 6, 4.
Il paziente soffre di: diabete mellito.

18. Occhio alla lingua! - a) 2. fissazione;
3. conservazione; 4. conduzione; 5. coagulazione;
6. maturazione; 7. infezioni; 8. regolazione;
9. alimentazione; 10. produzione;
11. liberazione; 12. iniezioni. b) 1.

11. Il sistema nervoso

1. Ipotizzare - 2. Un neurone.

3. Schematizzare - 1. corpo cellulare; 2. dendriti;
3. mielina; 4. neurite.

5. Schematizzare -1. cervello; 2. cervelletto;
3. midollo allungato; 4. midollo spinale;
5. nervi cranici; 6. nervi spinali.

6. Anagramma - 2. sistema nervoso periferico;
3. midollo spinale; 4. sistema nervoso centrale.

8. Schematizzare - 1. corteccia cerebrale;
2. cervello; 3. ipotalamo; 4. ipofisi; 5. midollo
allungato; 6. midollo spinale; 7. sistema limbico;
8. talamo; 9. cervelletto.

9. Capire - 1. Nella corteccia cerebrale.
2. Nella sostanza grigia. 3. Nell'emisfero sinistro.
4. Sono responsabili dell'articolazione e della
comprensione del linguaggio.
5. Coordina il movimento volontario e controlla
il mantenimento dell'equilibrio.
6. Nell'ipotalamo. 7. Nel sistema limbico.
8. Nel midollo allungato.

10. Fissare la terminologia medica - cervello;
midollo; ipotalamo; limbico; cerebrale;
involontarie; sistema; emisferi.

12. Prendere appunti - **nome della malattia:**
malattia di Alzheimer; **organo colpito:** cervello,
cellule cerebrali; **sintomi:** perdita graduale e
progressiva della memoria, disorientamento nello
spazio e altri disturbi cognitivi e del
comportamento; **cause:** ancora sconosciute.

Soluzioni degli esercizi

13. Terminologia medica - delirio 1; disorientamento 2; disturbo 2; cognitivo 1; autopsia 1; atrofia 1; demenza 1.

14. Indovinare - 1. demenza; 2. disturbo; 3. cognitive; 4. autopsia; 5. atrofia.

17. Riordinare - **(fase n° 1)** *Tre anni* fa ha cominciato a non ricordare dove metteva la chiavi di casa... **(fase n° 2)** *Poi* ha cominciato a non ritrovare più la strada di casa... **(fase n° 3)** *Infine* ha cominciato ad avere sempre più bisogno del figlio...

18. Cruciverba -

```
    ¹S  N  ²C
    N     ³E  N  C  E  F  ⁴A  L  O
    P     R              U
⁵D        V     ⁶A  P  A  T  I  ⁷A
E         E              O     T
⁸M  I  D  O  L  L  O      P     R
E         L              S     O
⁹N  E  U  R  O  N  E      I     F
Z                  ¹⁰B  R  A  L  I
¹¹A  M  N  E  S  I  A           A
```

19. Occhio alla lingua! -

nomi con *a-* (alfa negativo)	significato
atrofia	ridotto sviluppo o diminuzione di volume di un organo o di un tessuto
amnesia	perdita di memoria
apatia	stato di indifferenza verso il mondo circostante, caratterizzato da mancanza di sentimenti e di volontà di azione
afasia	perdita della capacità di parlare o di comprendere le parole

20. Ipotizzare - n° 1: elettroencefalogramma; n° 2: elettroencefalografia.

22. Capire - 1/falso; 2/vero; 3/vero; 4/falso.

23. Fissare la terminologia medica - elettoecefalografia; elettrodi; neuroni; onde; elettroencefalogramma.

12. L'apparato uro-genitale

1. Ipotizzare - b.

3. Capire - 1. falso/righe 2-3; 2. vero/righe 3-4; 3. falso/righe 4-5; 4. vero/righe 6-7; 5. vero/riga 13.

4. Comprendere la terminologia medica -
a. "Ogni rene è collegato a un canale detto uretere..."
b. "Ogni rene è formato da un milione circa di minutissime unità filtranti, ognuna delle quali è detta nefrone ed è costituita da un glomerulo, da una capsula e da un tubulo."

5. Fissare la terminologia medica - reni; ureteri; vescica; uretra; uretere; urina; nefrone; capsula, tubulo; uretere; vescica; uretra.

6. Ipotizzare - 1.

7. Capire - 1. apparato genitale femminile; 2. apparato genitale maschile.

8. Comprendere la terminologia medica - a: 1. tube di Falloppio; 2. ovaia; 3. utero; 4. uretra; 5. vagina; b: 1. dotto deferente; 2. uretra; 3. pene; 4. testicolo; 5. scroto; 6. epididimo.

9. Fissare la terminologia medica - ovaia; tube; embrione; vagina; uretra; testicoli; pene; testicoli; scroto; dotto; uretra; uretra.

10. Ipotizzare - a. embrione; b. vaccinazione; c. amniocentesi; d. villocentesi; e. gravidanza.

12. Prendere appunti - **nomi delle malattie:** rosolia, toxoplasmosi; **organi colpiti:** sistema nervoso e cuore dell'embrione; **prevenzione della malattie:** vaccinazione, diagnosi prenatale; **diagnosi prenatale:** amniocentesi, villocentesi.

13. Comprendere la terminologia medica - contrarre: 1; feto: 3; rosolia: 2; toxplasmosi: 6; malformazioni: 7; congeniti: 5; alterazioni: 4.

14. Fissare la terminologia medica - 1. difetto congenito; 2. diagnosi prenatale; 3. liquido amniotico; 4. cellule fetali; 5. alterazioni cromosomiche; 6. villi coriali.

15. Occhio alla lingua! - a) Sono tutti femminili; b) Il plurale è uguale al singolare; c) Tutti i nomi che finiscono in **-i** sono femminili e non hanno il plurale.

13. Il sistema immunitario

1. Comprendere la terminologia medica -
2. patogeno; 3. epidemia; 4. endemico;
5. batterio; 6. virus.
3. Schematizzare - **protozoi:** 1. Plasmodio
della malaria; 2. Trypanosoma gambiense;
3. ameba; **batteri:** 1. tubercolosi; 2. colera;
3. pertosse; 4. tetano; 5. scarlattina; 6. tifo;
virus: 1. raffreddore; 2. influenza; 3. vaiolo;
4. parotite; 5. morbillo; 6. varicella;
7. rosolia; 8. epatite virale; 9. AIDS.
4. Capire - 1. falso/riga 1; 2. vero/righe 3-5;
3. vero/righe 6-7; 4. vero/riga 8; 5. falso/righe
9-11; 6. falso/riga15; 7. vero/righe 16-17;
8. falso/righe 17-18.
5. Fissare la terminologia medica - contagiosa;
patogeno; epidemie; endemiche; protozoi;
batteri; tubercolosi; virus; esantematiche;
epatite.
7. Riordinare - a/3; b/4; c/1; d/2.
8. Capire - 1/falso; 2/vero; 3/vero; 4/falso.
9. Comprendere la terminologia medica -
a. **Midollo osseo =** "I linfociti B si formano
nel midollo osseo (la lettera B deriva
dall'inglese bone = osso)…"; b. **Timo =** "…i
linfociti T nella ghiandola del timo."
10. Fissare la terminologia medica -
immunitaria; linfociti; linfociti; midollo;
timo; riconoscere; anticorpi; proteine;
antigene.
13. Prendere appunti - **nome della malattia:**
AIDS; **sistema colpito dalla malattia:**
sistema immunitario; **sintomi:** malattie banali
che non guariscono; **trasmissione della
malattia:** sangue, sperma; **farmaci:** AZT.
14. Fissare la terminologia medica -
1. sindrome da immunodeficienza acquisita;
2. agente patogeno; 3. sistema immunitario;
4. globulo bianco; 5. difese immunitarie;
6. sangue infetto; 7. AIDS conclamata.

Soluzioni degli esercizi

Alma Edizioni
Italiano per stranieri

Corsi di lingua

Espresso 1
corso di italiano - livello principiante
- *libro dello studente ed esercizi*
- *guida per l'insegnante*
- *cd audio*

Espresso 2
corso di italiano - livello intermedio
- *libro dello studente ed esercizi*
- *guida per l'insegnante*
- *cd audio*

Espresso 3
corso di italiano - livello avanzato
- *libro dello studente ed esercizi*
- *guida per l'insegnante*
- *cd audio*

Espresso 1
libro di esercizi supplementari

Espresso 2
libro di esercizi supplementari

Espresso 3
libro di esercizi supplementari

Espresso 1 e 2
attività e giochi per la classe

Raccontami 1
corso di lingua italiana per bambini
- *libro*
- *schede per l'insegnante*
- *cd audio*

Alma Edizioni
Italiano per stranieri

Grammatiche ed eserciziari

Grammatica pratica della lingua italiana
esercizi, test, giochi sulla grammatica italiana

Italian grammar in practice
esercizi, test, giochi sulla grammatica italiana *(versione per anglofoni)*

I pronomi italiani
grammatica, esercizi, giochi sui pronomi italiani

Le preposizioni italiane
grammatica, esercizi, giochi sulle preposizioni italiane

I verbi italiani
grammatica, esercizi, giochi sui verbi italiani

Le parole italiane
esercizi e giochi per imparare il lessico

Verbissimo
le coniugazioni di tutti i verbi italiani

Grammatica italiana
grammatica essenziale con regole ed esempi d'uso

Ascoltare, leggere, parlare, scrivere

Canta che ti passa
unità didattiche su 15 canzoni italiane d'autore, per imparare l'italiano con le canzoni
- *libro*
- *cd audio con le 15 canzoni originali*

Bar Italia
articoli sulla vita italiana con attività per leggere, parlare, scrivere

Giocare con la letteratura
18 unità didattiche su scrittori italiani del '900

Giocare con la scrittura
attività e giochi per scrivere in italiano

Ricette per parlare
attività e giochi per la produzione orale

Letture in gioco
attività e giochi per leggere in italiano

Alma Edizioni
Italiano per stranieri

Cinema italiano - collana di film brevi sottotitolati

No mamma no - La grande occasione (1° livello)
- *libro di attività*
- *videocassetta con due cortometraggi d'autore sottotitolati*

Colpo di testa - La cura (2° livello)
- *libro di attività*
- *videocassetta con due cortometraggi d'autore sottotitolati*

Camera obscura - Doom (3° livello)
- *libro di attività*
- *videocassetta con due cortometraggi d'autore sottotitolati*

Giochi

Parole crociate 1° livello
cruciverba e giochi per imparare il lessico e la grammatica

Parole crociate 2° livello
cruciverba e giochi per imparare il lessico e la grammatica

Parole crociate 3° livello
cruciverba e giochi per imparare il lessico e la grammatica

Italiano per specialisti

Italiano per giuristi

Italiano per economisti

Italiano per medici

Alma Edizioni
Italiano per stranieri

Letture facili - collana di racconti originali con audiocassetta

1° livello - 500 parole

Dov'è Yukio?
Radio Lina
Il signor Rigoni
Pasta per due

2° livello - 1000 parole

Fantasmi
Maschere a Venezia
Amore in paradiso
La partita

3° livello - 1500 parole

Mafia, amore & polizia
Modelle, pistole e mozzarelle
L'ultimo Caravaggio

4° livello - 2000 parole

Mediterranea
Opera!
Piccole storie d'amore

5° livello - 2500 parole

Dolce vita
Un'altra vita

ALMA EDIZIONI
viale dei Cadorna, 44
50129 Firenze - Italia
tel ++39 055476644
fax ++39 055473531
info@almaedizioni.it
www.almaedizioni.it

Alma Edizioni
Italiano per stranieri

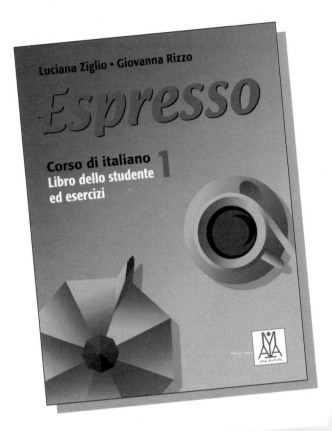

Espresso è un corso di lingua italiana per stranieri diviso in tre livelli, dal principiante all'avanzato.

Basato su principi metodologici moderni e innovativi, permette allo studente di comunicare subito con facilità e sicurezza nelle situazioni reali.

Espresso propone attività altamente motivanti, centrate sull'autenticità delle situazioni, sulla varietà e sull'interazione nella classe. Allo stesso tempo non trascura lo studio delle regole né la sistematizzazione e il rinforzo dei concetti appresi.

La **Grammatica pratica della lingua italiana** permette di esercitare la grammatica in modo completo ed efficace.

Presenta centinaia di esercizi, quiz, giochi, schede grammaticali chiare ed essenziali e degli utili test a punti che aiutano lo studente a verificare il livello di conoscenza della lingua.

Adatto a tutti gli studenti dal principiante all'avanzato.